Research on the Development
and Supervision of Private Banks in China

中国民营银行
发展与监管研究

王刚◎著

经济管理出版社
ECONOMY & MANAGEMENT PUBLISHING HOUSE

图书在版编目（CIP）数据

中国民营银行发展与监管研究/王刚著.—北京：经济管理出版社，2017.12
ISBN 978-7-5096-5328-9

Ⅰ.①中… Ⅱ.①王… Ⅲ.①私营经济—银行发展—研究—中国 Ⅳ.
①F832.39

中国版本图书馆 CIP 数据核字（2017）第 221581 号

组稿编辑：宋　娜
责任编辑：宋　娜　范美琴
责任印制：黄章平
责任校对：赵天宇

出版发行：经济管理出版社
　　　　　（北京市海淀区北蜂窝 8 号中雅大厦 A 座 11 层　100038）
网　　　址：www.E-mp.com.cn
电　　　话：（010）51915602
印　　　刷：三河市延风印装有限公司
经　　　销：新华书店
开　　　本：720mm×1000mm/16
印　　　张：13
字　　　数：187 千字
版　　　次：2018 年 1 月第 1 版　2018 年 1 月第 1 次印刷
书　　　号：ISBN 978-7-5096-5328-9
定　　　价：98.00 元

·版权所有　翻印必究·

凡购本社图书，如有印装错误，由本社读者服务部负责调换。
联系地址：北京阜外月坛北小街 2 号
电话：（010）68022974　邮编：100836

序

民营银行是中国特色社会主义市场经济发展的产物，其基本特征是全部股东（发起人）均为境内纯中资民营企业。放开民间资本发起设立民营银行是本届政府进一步深化金融改革、促进金融服务实体经济的重要举措，有助于从制度层面入手缓解实体经济特别是小微企业融资难、融资贵问题。截至目前，民营银行已实现常态化设立，经营发展稳健有序，在金融创新方面取得不少突破。但民营银行发展和监管实践中也有一些问题值得关注，如总体限制较多，监管制度框架需要与时俱进加以完善；民营银行公司治理水平有待提升，股东股权管理有待规范，合规经营水平有待提升，风险管理特别是流动性管理难度较大等。因此，对如何实现民营银行健康发展与有效监管进行系统研究具有重要的理论意义和现实价值。

王刚博士这本《中国民营银行发展与监管研究》以首批五家试点民营银行为研究对象，是国内迄今已出版的系统研究民营银行发展与监管问题的唯一专著。本书以王刚承担的国务院发展研究中心招标课题为基础，研究期间通过现场走访首批试点民营银行和属地监管部门获得了大量一手资料，通过参加学术会议、论坛等形式就书中的主要观点与业界和学界的专家进行了交流，不少成果已在一些有影响力的报纸杂志上发表，并在研究和工作实践中就民间资本发起设立民营银行问题多次提供第三方评估意见和政策建议，实现了学术应用型研究支撑政策咨询研究，政策咨询研究为政策解读和第三方评估服务的良性互动。

  全书逻辑清晰，结构完整，对如何实现民营银行健康发展和有效监管做了比较全面的分析。作者在独立思考基础上提出的一些对策建议，如在平等待遇基础上，确立民营银行控股股东的限制加重责任原则，取代现行监管制度框架下责任属性不甚清晰的"风险自担机制"；选取资本充足率、流动性、拨备覆盖率等关键监管指标，设置更加审慎的量化触发标准，建立民营银行风险预警体系；在有限牌照基础上探索民营银行分级牌照制度等，对相关政策制定部门具有一定的参考价值。

  当然，从银行业改革发展的全局看，我们希望未来"民营银行"这个词语能够消失，所有银行不分所有制属性，在平等的政策环境下有序竞争，使人民群众更充分地享受金融服务，使我国银行体系在竞争中走向强大。

  基于上述理由，我愿意向广大关心民营银行发展的读者推荐此书。

  希望王刚博士今后继续跟踪民营银行的发展与监管制度框架的完善，结合我国金融改革的实践，为丰富和完善民营银行理论体系贡献更多智慧，为决策者提供更多可操作、有价值的政策咨询建议。

  是为序。

国务院发展研究中心金融所原所长
张承惠
2017 年 11 月 16 日

前　言

　　本书的研究对象为2013年金融"国十条"颁布以来出现的全部由民间资本发起设立的商业银行。本书分为绪论和六章。绪论部分结合当前金融改革的进程和主要矛盾，系统归纳放开民间资本发起设立民营银行的意义与影响。随后横向梳理比较国际上以转轨国家为代表的银行民营化过程的做法、经验和教训，纵向归纳我国近代民营银行的发展经验以及20世纪90年代开放民间资本设立城市信用社和农村信用社，发起设立民生银行的经验教训。以此作为我国本轮银行准入制度改革（即发起设立民营银行）的逻辑和历史起点。第一章回顾2013年7月至今发起设立民营银行改革的进展情况，重点一是分析银监会相关政策框架演进历程和政策要素构成与逻辑关系；二是梳理首批五家民营银行试点进程，重点归纳其在商业模式创新、服务实体经济、强化风险管控、加强公司治理等方面的举措。第二章研究民营银行健康发展问题。首先在金融改革和实体经济改革加快推进的背景下做民营银行的SWOT分析，随后归纳提炼出民营银行健康发展的SWOT策略。重点分析民营银行如何选择差异化的市场定位和业务模式，如何建立有效的公司治理和风险管理机制等。并以案例分析方式对比同为"互联网银行"的前海微众银行和浙江网商银行在商业模式上的异同。第三章至第五章

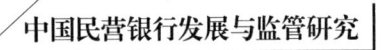

从准入、持续监管和市场退出三个维度构建有效监管民营银行的制度框架。第三章为民营银行市场准入监管制度，以机构准入为主，业务准入和高管准入为辅，重点介绍民营银行主发起人条件设定与资格审查、股权结构要求和有限牌照管理（包括业务类别和机构网点设置）等内容。第四章为民营银行持续监管制度，一是论述对民营银行主发起人和主要股东的监管措施及其合理性；二是对民营银行的审慎监管与行为监管措施，包括公司治理、风险监管、资本监管、流动性监管、关联交易监管等，汇总形成量化触发监管指标体系。第五章为民营银行市场退出监管制度。一是对照自担风险的要求，研究民营银行"生前遗嘱"的生效条件、作用机制和原理；二是明确民营银行控股股东对银行的限制加重责任；三是在厘清存款保险基金、监管机构审慎监管和央行最后贷款人的关系与作用顺序基础上，综合运用兼并重组、破产清算等手段，力求实现民营银行市场退出风险损失最小的政策目标。第六章为结论，基于前述各章的研究成果和对发起设立民营银行政策实施进展的评估结果，汇总提出推动我国民营银行健康发展和有效监管的政策建议。

目录 | CONTENTS

绪 论 民间资本发起设立民营银行 ... 1

第一节 概念界定与文献综述 ... 3
一、概念界定 ... 3
二、文献综述 ... 4

第二节 转轨国家和地区发展民营银行的做法、经验与教训 ... 10
一、俄罗斯 ... 10
二、波兰 ... 11
三、墨西哥 ... 12
四、韩国 ... 13
五、印度 ... 14
六、印度尼西亚 ... 15
七、中国台湾 ... 15

第三节 我国民营银行历史沿革与经验教训归纳 ... 17
一、近代民营银行的发展经验 ... 17
二、开放民间资本发起设立城市信用社的经验教训 ... 21
三、现有民营城市商业银行的发展历程与经验总结 ... 22

第一章 民间资本发起设立民营银行的政策框架和发展历程 25

第一节 发起设立民营银行的政策依据与演进历程 27
一、政策发展沿革 27
二、政策框架主要构成要素分析——基于《关于促进民营银行发展的指导意见》的解读 33

第二节 首批民营银行试点情况 37
一、试点成效 38
二、试点中存在的问题 54

第三节 民间资本发起设立民营银行的意义与影响 57
一、有利于从供给侧改革的角度入手，缓解融资难、融资贵问题 57
二、加快发展民营银行是完善金融体系、推进整体金融改革的内在要求 58
三、推动民间资本发起设立民营银行有助于拓宽民间资本投资渠道，实现资本的优化配置 59

第二章 民营银行发展研究 61

第一节 民营银行SWOT分析——基于与传统银行比较的视角 63
一、优势 64
二、劣势 65
三、机遇 66
四、挑战 67

第二节 民营银行健康发展的内部条件 68
一、公司治理 68
二、风险管理 74
三、发展战略 77

| 目 录 |

第三节　民营银行健康发展的外部环境 …………… 82
 一、与传统银行的关系 …………………………… 82
 二、配套政策 ……………………………………… 83
 三、地方支持 ……………………………………… 85

第三章　民营银行市场准入监管　87

第一节　民营银行股东（主发起人）条件与资格审查 ……… 89
 一、股东（主发起人）条件 ……………………… 89
 二、股东准入资格审核 …………………………… 90
 三、对有限责任的突破——发起人自担风险机制 …… 92
第二节　民营银行机构准入监管 ……………………… 99
 一、实体要求 ……………………………………… 100
 二、程序性条件 …………………………………… 111
第三节　民营银行业务准入监管 ……………………… 114
 一、法律法规的规定 ……………………………… 114
 二、实践中存在的问题 …………………………… 116
 三、政策建议 ……………………………………… 117
第四节　民营银行董事、高级管理人员准入监管 …… 117
 一、董事、高管人员准入监管的作用 …………… 117
 二、国际做法 ……………………………………… 117
 三、我国法规政策相关要求 ……………………… 118
 四、实践中需关注的要点 ………………………… 118

第四章　民营银行事中持续监管　121

第一节　民营银行主要股东持续监管 ………………… 123
 一、民营银行股东特殊监管措施的必要性 ……… 123
 二、主要股东监管措施 …………………………… 125

第二节　民营银行监管措施 ·················· 128
　　一、公司治理 ······························ 128
　　二、关联交易管理 ·························· 129
　　三、风险管理 ······························ 133
　　四、资本监管 ······························ 135
　　五、股权管理 ······························ 136
　　六、量化触发监管指标体系 ·················· 136
　　七、监管资源配置 ·························· 148

第五章　民营银行市场退出监管 ·············· 149

第一节　生前遗嘱的基本内容与实施条件 ········ 151
　　一、民营银行订立生前遗嘱的必要性 ·········· 152
　　二、民营银行生前遗嘱的主要内容 ············ 154
　　三、生前遗嘱与其他制度的联动与衔接 ········ 157
第二节　民营银行主要股东限制加重义务制度 ···· 158
　　一、股东责任制度框架 ······················ 159
　　二、股东限制加重义务制度与其他银行救助制度的
　　　　衔接 ·································· 161
第三节　民营银行市场退出制度基本架构 ········ 164
　　一、我国银行业市场退出制度立法现状 ········ 165
　　二、民营银行市场退出标准 ·················· 166
　　三、民营银行市场退出制度框架 ·············· 168

第六章　结　论 ···························· 177

第一节　对民营银行现有监管框架的评析 ········ 179
　　一、准入环节依然存在诸多限制 ·············· 179
　　二、事中监管亟待细化完善 ·················· 180
　　三、市场退出机制不健全 ···················· 181

第二节　推进我国民营银行健康发展和有效监管的政策
　　　　建议 …………………………………………… 182
　　一、进一步放宽准入制度，取消不必要的限制 ……… 182
　　二、充实细化事中审慎监管制度 …………………… 183
　　三、完善市场退出机制 ……………………………… 184

参考文献 …………………………………………… 187

后　记 ……………………………………………… 193

绪 论
民间资本发起设立民营银行

第一节 概念界定与文献综述

一、概念界定

本书的研究对象为民营银行，重点是 2013 年《国务院办公厅关于金融支持小微企业发展的实施意见》颁布以来出现的全部由民间资本发起设立的商业银行，或者说民间资本进入银行业的增量模式。

什么是民营银行？围绕这个问题一直存在不同看法。徐滇庆（2001）提出民营银行是"具有现代企业制度的新型股份制银行，而绝不是任何一种私人银行或家族钱庄，也不是低档次的城市信用社和农村信用社"。台湾学者李纪珠（2005）基于台湾地区的实践提出，"民营银行的标准在于公股数量低于 50%"。姜波克（2003）提出，应从资本来源、银行业务、经营原则、治理结构等多个维度综合判断银行的性质，只要产权清晰、公司治理结构规范、从事商业银行业务的现代新型银行就是民营银行。曾康霖（2002）指出，"民营银行是相对官营银行或国有银行而言，产权为民间所有，由经理层独立自主经营，以盈利为目的，资产所有者享有净利润分配权的银行"，即民有、民营、民享的银行。

总的看来，国内学者主要从产权结构、服务对象以及公司治理三个方面界定民营银行。一是产权结构论，认为民间资本控股的银行就是民营银行；二是民营企业服务论，认为以民营企业为服务对象的银行就是民营银行；三是公司治理结构论，强调公司治理结构，即股东大会或董事会任免高级管理人员，具有市场化运作机制的银行就是民营银行。上述定义分别从不同维度揭示了民营银行的部分特征，但又并不完全。以产权结构论而言，单纯从股权关系判断，我国并不缺少民间资本甚至自然人可以入股的银行，如城市商业银行、农村商业银行、村镇银行等，从统计上看，我国中小银行50%的股份是民营资本，农村中小银行近90%的资本来自民营资本。但真正由民营资本"经营管理"的银行非常罕见，即使是被公认的我国首家民营银行——民生银行，它属于银监会党委会管机构之一，高管由政府任命，在一定意义上也非严格的民营银行。正是在这个意义上，杨再平（2014）提出"我们不是没有民营银行，可能问题在于没有真正意义上的民营银行"。民营企业服务论不够严格，事实上，在监管部门多年来推行小微企业信贷"三个不低于"的政策引导下，全国不同类别银行都要向以民营资本为主体的小微企业提供信贷支持，且要逐年增加。公司治理结构论描述了民营银行的重要特征之一，也不全面。除股权关系之外，民营银行还应当是由民间资本控制和经营的"权、责、利"的统一体。最合理的方法是从股权结构、治理结构、业务特色和经营原则等多维度综合考量民营银行的深刻内涵。

因此，民营银行是由民间资本设立、控制和经营的，是民有、民治、民享、民责的统一体。允许民间资本发起设立民营银行是中共十八届三中全会以后我国金融体制改革由存量改革向增量改革转变的重要一步，是金融领域供给侧结构性改革的重要抓手。

二、文献综述

（一）国际研究成果综述

由于市场经济国家银行业产权结构基本都是民营或私营为主，因此国际上专门研究"民营"银行设立、运营和监管的文献并不多见。世界银行（2000）对全球107个国家的银行体制进行了系统调查，广泛收集了银行所有制结构、准入规则、监管制度等多方面的情况。从该调查可见，截至2000年底，民营银行占全球银行业资产的比例已经接近70%。该调查还指出，自1970年以来，无论发展中国家还是发达国家，民营银行的比重都在上升，而国有银行的比重则呈现下降趋势。发达国家的国有银行比重平均从大约40%降低到20%，发展中国家则从60%下降到40%。此外，智利、墨西哥、阿根廷等拉美国家与俄罗斯、捷克等国家大量缩减国有银行在银行业中的比重。它们的实践提供了很多值得借鉴的经验和教训。阿根廷的银行民营化过程基本上证实了，银行民营化可以促进金融业的发展和经济的增长，有效分配信用和增强银行业的稳定。Haber和Kantor（2003）总结了墨西哥银行体系私有化进程的教训。Bonin、Hasan和Wachtel（2003）分析了东欧转轨国家保加利亚、波兰、匈牙利、罗马尼亚等银行业效率变化的原因，指出民营化是其中重要的因素之一。Beck、Crivelli和Summerhill（2003）分析了巴西国有银行改革的决策过程，指出民营化提升了国有银行效率，而重组没有实现效率提升的目标。

（二）国内研究成果综述

回顾历史，国内关于民营银行设立、发展和监管的研究掀起过两波热潮，一次是2000年前后，在我国即将入世、银行业面临实力雄厚的外资银行冲击的背景下，以樊纲、徐滇庆为代表的一批专家学者开始研究通过设立和发展民营银行以提升我国银行业竞争力。由于政策环境不具备、监管能力不足等原因，决策者最后选择以国有银行股改上市作为那一轮金融改革的抓手，允许民间资本发起设立民营银行的倡议暂时被搁置。2013年7月金融"国十条"提出"尝试由民间资本发起设立自担风险的民营银行"后，极大地调动了民间资本的积极性，大批民营企业申请设立民营银行，学界的专家也掀起了新一轮研究热潮，并取得了一系列研究成果。相关研究主要涉及以下几个问题：

一是国（境）外发展民营银行的经验教训。周楠（2004）提出，要吸取中国台湾地区和俄罗斯民营银行改革的教训，必须缓步放开民营银行的设立。谢坤锋（2004）回顾了墨西哥银行业的民营化经验，指出过度竞争对一国金融、经济体系的负面效应不容忽视。王曙光（2010）归纳了民营资本进入银行业路径选择的国际经验：第一，应当在政府金融监管与市场监督机制比较完善的基础上开放民营银行，现阶段我国还不具备大规模开放民营银行的条件，可引进数目有限的民营银行，在路径选择上采取渐进模式，逐步放开银行业；第二，应审慎引入存款保险制度，逐步消除国家隐性担保，避免商业银行的道德风险；第三，谨防特权介入或者让大企业操纵银行，防止新设银行财团化。于宗先（2005）指出中国台湾地区20世纪90年代开放民营银行的两大教训：第一，政府一次核准太多的新银行，过度竞争造成银行为拓展业务，大幅度放宽授信标准，形成巨额逾期放款；第二，没有事先设计好银行的退出机制。

二是我国既往民营银行或民营金融机构发展中的经验教训。刘永祥（2006）指出，民营银行是中国近代发展较为成功的行业，其经验在于既吸收西方先进的理念，又结合中国的社情民风。王丹莉（2009）指出，近代民营银行在内部治理方面有着"两权融合"的突出特点，民营银行间广泛存在着互为董监的现象，高层决策者的相互交叉和兼任，为民营银行提供了一个特殊的外部治理机制，而且也为近代民营银行间更广泛的合作和"命运共同体"的构建奠定了基础。周春英（2006）指出，解剖历史上曾经辉煌一时的那些民营银行的治理结构、企业制度、运作机制等，从中吸取经验教训，对于我国正在进行的银行产权制度改革与完善治理结构，无疑会提供某些启示或借鉴。兰日旭（2013）指出，近代民营银行在实践中摸索出大量适合中国实际的公司制度模式，如分期缴纳制、官利制、连锁董监制等，虽然增加了制度执行中的显性成本，但在实际运作中降低了隐性成本、运作成本，对中国的银行在传统金融机构基础上嫁接西方新式制度起到了润滑剂作用。马一和李海波（2016）梳理了民国时期银行立法对民营银行的监管要求，同时指出民国私营银行产权结构、用人机制、内控机制、风险防控等措施对我国当前发展民营银行有重要的借鉴意义。

徐滇庆（2001）梳理了我国20世纪90年代城市信用社改革的失败原因，指出以城市信用社为代表的民营银行从一开始就没有完全按照现代企业制度建设，以致形成内部人控制，变成了违规经营的载体。例如，出资人与经营者没有分开，许多信用社变成家族式机构，结果，他们把信用社当作圈钱的工具。吴晓灵（2014）解释了国家对银行控制权高度重视的原因，"我国政府在处置金融风险时几乎承担了对个人债权的全部责任，因而对控制权格外关注"。同时揭示了监管当局对放开民营资本发起设立民营银行一直持审慎态度的原因，"回顾民营资本入股银行的历史，效果并不理想，所以对民营资本就产生了一种不信任感"。奚尊夏、赵敏慧和魏博文（2014）总结了浙江台州三家民营银行发展的经验，指出民营银行相对于非民营银行有明显的竞争优势；民营银行清晰的定位有利于其提升竞争力，民营银行的体制机制优势有利于其形成独特的竞争力。

三是关于我国发起设立民营银行的政策依据和发展沿革。杨凯生（2013）认为，中国一直允许民营资本参股银行，但由于五大国有控股银行规模较大，整个银行业3000多家银行中，民间资本总的占比只有10.68%，对于一个开放性的竞争行业而言，明显偏低。因此中共十八届三中全会明确提出民间资本可以"发起设立"民营银行是重大突破。2014年3月，银监会主席尚福林宣布经国务院批准首批五家民营银行的试点方案。阎庆民（2014）则发表文章具体阐述了试点方案的五项筛选标准：第一，有自担剩余风险的制度安排；第二，有办好银行的股东资质条件和抗风险能力；第三，有股东接受监管的具体条款；第四，有差异化的市场定位和特定战略；第五，有合法可行的风险恢复和处置计划，即"生前遗嘱"。郭田勇和张琪慧（2014）指出，对民营银行的监管标准不能过严，不能戴有色眼镜看民营资本。在监管上应对民营资本和国有资本一视同仁。周新旺、吴泽权和王江林（2014）归纳了发起设立民营银行的三大模式和七大特点。罗毅等（2016）通过对比，指出首批试点民营银行在经营中都不断探索特色化发展路径。

四是关于民营银行的市场定位和发展机制研究。杨笑妍（2014）提出，民营银行的发展可以借鉴国外社区银行的发展模式，从社区银行的发展优势上找寻民营银行未来的发展方向。杨荣（2013）提出，民营银行应区别于传统银行，兵分两路发力，细化的目标定位和差异化的经营战略是关键。互联网金融、供应链金融和小微金融是重点发展方向。金强和吴泽权（2015）基于参与首批民营银行试点的经验，提出了选择民营银行特色化市场定位和业务模式的四大原则和三大维度。戴小平和王玉兴（2015）提出，市场定位应从所在地区和中小微企业两个维度来考虑，并对民营银行进行了初步的SWOT分析。薛红言（2014）指出，民营银行在资产端和负债端都面临巨大挑战，并提出了相应的发展策略。李亦博和乔海曙（2014）则分析了民营银行"生态圈"的组成结构，强调应通过民营银行与外部环境之间的配合与联动来促使民营银行稳定、高效、可持续地发展，同时提出了我国民营银行未来发展的路径选择。

五是关于民营银行市场准入监管。高菲（2010）指出我国银行业准入壁垒较高，这在带来较高稳定程度的同时，可能削弱潜在的竞争行为。通过实证研究，高菲证明降低我国银行业的市场集中度和准入壁垒有助于提升银行业绩效和推动经济增长。此外，她还梳理归纳了美国、日本银行业市场准入的做法。张强（2015）分析了我国银行产业市场属性的历史变迁，指出目前中国银行业仍属于寡占类型。李安安（2007）分析了商业银行控股股东滥用控制权的特殊性并提出了规制措施。秦圆圆（2013）就民营银行股权结构提出由持股量相当的大股东制衡是一种较为合理的折中选择，同时建议建立拒绝市场准入的司法审查机制。柴瑞娟（2014）认为，对民营银行投资股东甄选时，其资本规模、盈利能力、信用度、商业操守评价、股权结构等均应纳入考量范畴。杨松和宋怡林（2016）指出，银监会提出的民营银行股东自担剩余风险的监管要求，可以用商业银行股东加重义务来进行法学概括和表达，应当予以成文立法化。刘鹤犟（2016）指出发起人风险兜底既有先例可循，也有法律基础可依，具有极其重要的经济价值。实践中应在资本充足性、偿付能力、放弃优先债权、分担救助成本四个方面给予承诺。沈飞（2006）列举了民营银行市场准入环节可能出现的道德风险并提出了相应的监管对策。马健（2014）提出民营银行市场准入监管是防控其道德风险的重要环节，主要解决两个问题：第一，对合格银行及其股东的识别和筛选；第二，防止民营银行的过度竞争。金彭年（2016）结合我国国情，从所有权结构、注册资本、业务范围、高级管理人员资格等方面，提出了完善我国民营银行市场准入立法的建议。王雪娟（2015）从我国银行账户开立管理实践出发，梳理总结了美国、欧盟和日本等国家和地区银行远程账户开立以及身份认证的管理制度和实践经验，分析了影响我国民营银行账户远程开立的制约因素，并提出了政策建议。

六是关于民营银行持续监管。沈飞（2006）归纳了民营银行股东和经理人道德风险的表现形式，并提出了相应的监管措施。王晓茹（2011）归纳了民营银行关联交易的各种表现形式并提出了监管对策。人民银行南京分行课题组（2013）提出了民营银行监督管理和风险防范的要点。刘兆利（2014）提出加强对民营银行小股东的保护，赋予小股东对民营银行关联交易决议提起撤销和无效确认之诉的权利，以及设立异议股东退出机制。柴瑞娟（2014）提出要严格限制民营银行的关联贷款行为。高达（2016）指出在民营银行领域的诸多主体之中，股东因其终极权力地位、正规金融实践经验的匮乏及自身其他劣势、关联交易的强烈冲动、信息的不对称而需加以重点关注。应对民营银行发起人资格、股东出资额、股权结构、关联贷款等方面进行有效规制，以避免风险。

七是关于民营银行市场退出监管。李海波（2014）指出，民国时期1934年颁布的《储蓄银行法》和1947年的《银行法》都有加重股东个人责任的规定。崔庆陵（2010）分析了确立破产商业银行股东责任的法理基础和建构路径。高菲（2011）提出，银行破产清算环节必须厘清存款保险机构、银行监管当局和央行最后贷款人的作用机制和责任分担机制。丁建臣和董小平（2014）提出，要求民营银行设立生前遗嘱是一项法律制度安排，不是简单的制度移植和监管升级，而是提升金融业整体竞争力的重大举措。徐翔（2015）论证了我国民营银行推行"生前遗嘱"的必要性并提出了具体政策建议。潘斯华（2015）指出，监管层对民营银行生前遗嘱的各项要求并没有具体化，着眼于完善该项制度，可以从明确制定生前遗嘱的原则、设计内容框架、建立与银行破产制度和存款保险制度的衔接机制等方面入手。俞勇（2015）介绍了银行处置机制的内涵及其在中国的现状，并对处置机制在民营银行市场退出环节的作用进行了分析。王斌（2016）认为，基础较为薄弱的新设民营银行在激烈的竞争环境中，由于自身抗风险能力弱，更容易受到利率市场化的冲击，最终走向破产倒闭，因此完善的市场退出机制构建对我国民营银行的发展至关重要。宋怡林（2015）认为，民营银行股东自担风险不应理解为无限责任。民营银行股东自担风险应当定位为坚持在有限责任前提下的修正性制度安排，这样既能够发挥有限责任的制度优势，又能够在一定程度上克服股东道德风险。杨松和宋怡林（2016）进一步分析了股东加重义务制度与政府救助、存款保险处置措施等其他银行救助制度的衔接关系。马驹（2014）分析了我国银行退出制度层面的缺失，同时认为，明确银监会的民营银行市场退出管理职责对我国建立市场化退出机制十分重要。刘浩和安室友（2015）就存款保险制度下民营银行市场退出的实施路径进行了设计。上海银监局课题组（2016）通过对我国商业银行破产处置的历史实践与现行立法进行比较分析，厘清了我国商业银行破产处置权力配置的现状，并剖析了目前商业银行破产风险处置在授权依据、职责边界、分工协同和制约监督等方面存在的问题。

第二节 转轨国家和地区发展民营银行的做法、经验与教训

国外尤其是转轨国家和地区发展民营银行的做法，可以为我国发起设立民营银行的改革提供有益的借鉴。

一、俄罗斯

（一）实施进程

俄罗斯银行的私有化进程有以下特点：一是总体上采取"休克疗法"的激进式改革路径。俄罗斯在1991年前后全面放开了金融业。政府对于民营资本进入银行业基本上是放任自流，只要达到了最低资

本要求就可设立私有银行，银行体系的私有化进展非常快。仅1991年就批准私有银行两万多家。到1997年，俄罗斯银行的所有制结构中，国有银行仅占29%，外资占7%，私有银行占到了64%。设立的民营银行总体上规模小、资本实力弱。由于国家对于银行的规模没有严格的限制，俄罗斯新设的民营银行多数资金力量薄弱，1995年俄罗斯有注册银行2500家，1996年为2200家，其中有80%的银行资本金只有100万美元，只有10家最大的银行资本规模超过1亿美元。资本规模小加上经营不善，导致抗风险能力脆弱。1998年俄罗斯金融危机期间，大量中小民营银行倒闭。二是民营银行为少数特权大股东所操纵，"内部人控制"情况严重。民营银行的设立不但没有为金融体制带来市场机制，反而扭曲了市场机制。

（二）教训

一是政府在发展民营银行之前没有做好制度和政策的准备。特别是在法律法规、审慎监管、会计准则方面存在严重缺陷。二是少数特权群体操纵了民营银行，股权结构过于集中，阻碍建立科学的治理结构。三是民营银行经营不够审慎，信贷风险集中度过高，累积的不良资产严重，影响资金运行的流动性和盈利性。

二、波兰

（一）实施进程

1989年之前，波兰的银行业基本上是单一银行体系，以中央银行为核心，另有一些国有专业银行作为补充，每个银行专门负责国民经济的某一特定行业。伴随计划经济解体，波兰银行体系陷入深重的危机中，1993年不良贷款率高达31%。为化解危机，波兰推出"国有银行与企业重组计划"，在计划执行过程中，银行私有化成为解决问题的主要手段。波兰央行开始时限制外国投资者收购波兰银行的控股权，并容许国内主要股东积累股权。1995年又通过华沙交易所的大众私有化计划推进国有银行股份的私有化。在存量盘活的同时，波兰还允许设立新的私有银行。1990年，波兰中央银行和财政部给49家私有银行发放了营业执照，到1993年私有银行的总数达到85家，但仅占银行部门总资产大约10%的份额。

（二）经验与教训

经验表现在两个方面：一是避免激进的爆炸式改革，坚持分阶段、分步骤实施渐进的私有化进程。例如对于实力较弱的银行，由央行将它们合并或接收管理，直到找到买家为止，这样，政府虽然花费了一定的成本，但换来的是平稳的转轨。二是及时立法，营造有效的法律环境，保证银行私有化进程的平稳过渡。波兰政府在1989~1992年建立了严格的银行监管制度，规定了明确的资本充足率和变现能力、信用集中度限制、有关贷款分类和坏账准备的国家标准。1993年又制定了《银行与企业法（草案）》《关于对企业和银行实行重组的法律》等新法规，促进了"重组计划"的实施。波兰银行私有化进程的教训在于实施时机不当，是在国内金融体系矛盾激化后被动实施的银行重组和私有化，政府付出的成本较高。

三、墨西哥

（一）实施进程

国有银行的民营化被视为金融自由化的重要组成部分。墨西哥银行民营化始于20世纪80年代末。1990年，墨西哥通过法律允许将国有银行出售给本国企业和公民。随后该国又通过《金融集团法》，规定国内银行体制为混业经营。从1991年6月至1992年7月，陆续有18家国有银行被卖给金融集团，这些新的所有者主要是民营资本。1993年墨西哥政府对新的国内进入者开放银行市场，截至1994年，墨西哥共有35家民营银行。从理论上分析，在不完全竞争条件下实行民营化，如果银行的产出处于边际成本大于边际收益的阶段，银行业便会进入"过度竞争"阶段。谢坤锋（2004）通过分析 HHI 指标变动趋势和银行业收益率的变化证明，墨西哥银行业在 20 世纪 90 年代初出现了过度竞争。同时，虽然墨西哥 1990 年实施了存款保险制度，但实施过程中国家仍对银行风险承担几乎全部责任，而商业银行承担的责任较小。这种制度安排的结果给了商业银行不当激励，即为牟取巨额利润和眼前利益，不顾风险过度发放贷款或在国内外举借债务，一旦发生坏账，银行可以"乾坤大挪移"，依靠存款保险机构渡过难关，而给国家财政造成巨大负担。据统计，墨西哥债务危机爆发后，政府在 4 年时间里为救助银行共花费 5223 亿比索，相当于国有银行民营化收入的 3 倍。

（二）教训

一是存款保险制度并非民营银行稳健运行的前提。如果民营银行整体上尚未建立独立的商业信誉，即使建立存款保险制度，其可信赖程度仍然远小于国家信誉；而同时衍生出的道德风险问题则为民营银行展业带来新的安全隐患，需要引起高度重视。二是必须完善对民营银行的金融监管和调控。墨西哥 1994 年金融危机的主要原因就是缺乏对民营化银行体系有效调控的制度体系，监管有效性不足。

四、韩国

（一）实施进程

韩国银行民营化以 1998 年金融危机为界，危机前民营化不够深入，一度出现民营银行再度国有化现象。危机后通过引入外资、减少政府干预、完善制度支持，建立了真正意义上的民营银行。韩国国有商业银行的民营化大致经历了大型商业银行的民营化、专业银行的民营化和亚洲金融危机时期的再度国有化以及借助外资力量民营化四个阶段（见表 0-1）。

表 0-1 韩国银行民营化历程

阶　段	方　式	备　注
大型商业银行民营化（1971~1983年）	《金融正常化第二阶段措施》中首提银行民营化，公开招标出售国有股。1983年底70%银行实现民营化	代表银行：韩一银行、第一银行、朝兴银行
专业银行民营化（1989~1997年）	专业银行资金筹集和运用向普通商业银行转化，以公开出售国有股方式进行	代表银行：外汇银行、国民银行、韩国住房银行
民营银行再度国有化（1997~1998年）	东南亚金融危机，政府对危机银行注资，再次成为大股东	1997年商业银行已100%民营化，到2000年该比例降至58.82%
借助外资力量民营化（1998年以后）	提高外国公司、个人持股比例	新韩银行、韩国国民银行、第一银行等第一大股东均为外国企业

资料来源：朱孟楠、胡富华：《民营银行金融体制改革的国际比较研究》，《经济体制改革》2014年第4期。

（二）经验借鉴

韩国存款保险制度规定，在保险基金注资之前，先要将股东的股本金予以注销以此承担损失，同时施行差别化的保险费率来抑制道德风险。这一做法可以在为民营银行运营提供必要保障的同时促进管理层审慎管理。

五、印度

印度于1991年制定法令和政策，允许民间资本进入银行业，1993~1997年，采用陆续批准的方式，相继批准10余家民营银行，推进过程采用渐进方式。与此同时，为提升银行业整体活力，逐步放开外资银行进入印度市场，减少政府对银行业的控制。1991~2001年，印度国有银行占比从36%下降到27%，私人银行则保持在30%左右的水平，外资银行保持了较快增长。其银行业私有化进程总体上平稳推进，效果良好。

六、印度尼西亚

20世纪80年代初，印度尼西亚央行在事先没有充分准备的情况下就放开了银行业准入限制，鼓励民营银行发展。结果，由于开设新银行的标准不严格，监管松弛，导致许多新设民营银行被控制在少数家族手中，迅速蜕变为"有问题银行"。因此，对民营银行的准入必须设定合理的条件，防止那些一开始就以圈钱为目的的人进入。

七、中国台湾

（一）历程

开放设立民营银行是我国台湾地区金融自由化改革的重要里程碑。20世纪80年代以前，台湾地区施行严格的金融管制，对商业银行的设立采取特许制。除3家特准成立的民营银行外，其余21家都属于政府主导下的公营银行。但在严格管制民间资本进入银行业的同时，长期以来台湾银行业对外资开放。这种政策引发诸多争议。为此，台湾地区在1991年开放设立民营银行，初期即批准设立16家。新设民营银行为站稳脚跟，与传统银行大打价格战争夺市场。1991~1994年，新设银行市场占有率从6%上升到19%。但在推进利率市场化改革的进程中，由于价格战导致台湾银行业利差逐渐缩小，各行利润空间被大幅度压缩，对传统银行造成很大冲击。

（二）教训

一是开放民营银行速度不宜过快。虽然从决定开放民营银行到修改法律、核准银行开设、新银行正式运行经历了4年多的时间，但相对于台湾的市场容量，一次性准入16家银行仍显过多。没有前期试点就一次性全面铺开，这是台湾开放民营银行过程中的一个重要教训。二是较高的资本金门槛不仅没能有效限制申报数量，反而与公营银行形成同质化竞争。因此，某些定位于防控民营银行风险的监管要求如果执行不当，反而可能成为风险的促发因素。应当考虑设计具有弹性的监管要求，以有利于民营银行股东形成稳定的预期并采取理性的竞争策略。三是开放民营银行应考虑金融服务的地域性、产业性等特征，鼓励差异化的市场定位和竞争。四是在利率市场化和民营化同步推进过程中，必须建立完善的退出机制。从开放民营银行至今，中国台湾一直没有建立可行的银行破产退出机制。这种"只进不出"的市场道德风险很高，经营不善的银行在长期监管姑息的环境中积累的亏损额越来越大，退出成本越来越高，甚至威胁整个金融体系的稳定。[①]

  总结转轨国家和地区开放民营银行的经验，我国发起设立民营银行的政策设计实施过程中应避免以下问题：一是应避免俄罗斯民营银行的发展模式，民营银行市场准入必须规范；二是要避免中国台湾地区的民营银行发展模式，市场的准入门槛不能过低；三是要避免印度尼西亚的民营银行开放模式，必须确保股东尤其是控股股东资质合格；四是要避免韩国民营银行开放的模式，银企之间的关联不能过度，必须加强银行和控股股东之间关联交易的监管；五是要避免墨西哥、捷克等转轨国家的模式，开放民营银行市场准入应以合理的退出机制和健全的监管机制为前提；六是要避免部分发达国家在民营银行监管中的经验教训，审慎推行和实施存款保险制度，特别是厘清民营银行控股股东风险自担与存款保险制度、央行最后贷款人各自不同的职能及其在退市银行损失分担中的责任归属和承担次序。

---

① 以新设的中兴银行为例，1998年该行即面临破产，当时该行净值尚有60亿新台币。延宕至2000年时，该行总计亏损已达800亿新台币。最终台湾地区出台《金融机构合并法》，允许亏损银行以合并方式退出经营，中兴银行为联邦商业银行合并。

第三节　我国民营银行历史沿革与经验教训归纳

一、近代民营银行的发展经验

研究民营银行的发展与监管问题，既可以横向借鉴国（境）外有关民营银行的法律法规和发展实践，也可以纵向追溯梳理民国时期民营银行发展中形成的法律、制度和惯例。无可否认，近代我国民营银行曾经有成功经营、辉煌发展的一段时期，无论从成立银行的数量还是从资金实力上考察，民营银行都居当时金融机构的主导地位。中国银行业的发展植根于其历史，经营管理具有一定的历史传承性，民国私营银行业在其发展历程中所积累的经验对当今我国发展民营银行仍有一定借鉴意义。

（一）民国时期民营银行管理制度与经验

1. 治理结构的逐步完善是民营银行安全稳健经营的重要前提

近代民营银行普遍采取股份公司形式，且在实践发展中逐步形成以下特点：一是无论董事会成员还是监察人（监事），都是从股东中选举产生并对股东负责，换言之，近代民营银行排斥投资者以外的人士进入。二是所有权和经营权普遍呈现融合现象，大部分银行的总经理本身就是银行的股东，他们兼具投资者和经营者双重身份。换言之，所有权和经营权两个主体并未完全分离而是实现了一定程度的统一。经理人员持股既减少了股东和董事会的监督成本，又能使作为代理人的经理人员其目标尽可能与作为委托人的股东和董事会保持一致。三是存在特殊的外部治理机制，民营银行间普遍存在高层决策者交叉与兼任现象，即互为"董事、监察人"，并由此形成命运共同体。

2. 适宜的组织架构和管理制度是安全稳健运营的基础

近代一些规模较大的民营银行多以总分行制形式出现,推行总行制或总管理处制,内部组织结构的设计充分体现了直线职能制与事业部制的有效结合,这种制度安排在当时非常先进。而内部的协调机制也有特点:部分银行明确建立了区域管辖行制度,同时又辅以其他举措保证总行和一线营业网点的密切联系,从而既实现组织的扁平化,又能实现信息在银行内部的及时沟通与传递。

3. 联合经营等经营运作机制促进民营银行提升行业地位

民国时期,外资银行和票号、钱庄等传统金融机构的存在给民营银行带来巨大的竞争压力,促使后者调整自身运营方式,通过联合来提升整个群体在金融体系中的地位。"北四行"联营集团的创建是一次重要的制度创新和尝试。金城银行、盐业银行、大陆银行、中南银行四家银行联合营业,建立了包括四行储蓄会、四行准备库、调查部、信托部等一系列机构在内的完整组织体系。这是民营银行为求发展而进行的一种"信用联合",不仅拓宽了市场份额,也降低了其各自的运营风险。

(二) 民国时期银行监管法律与制度

1. 市场准入监管

民国时期民营银行准入采用核准制。所谓核准制是指国家对创办一般银行业之银行,制定一种通行法规,以为一般之依据。[①] 1931年《银行法》明确规定,设立银行必须经过财政部核准。财政部主要对银行的章程、资本额度、投资人信息等进行检查,符合全部条件的可以发给银行业从业证书。只有经过财政部的检查核准,银行才能公开招募资本。同时,财政部对银行名称的变更、组织形式的改变、资本的增减也采用核准制。1947年《银行法》进一步规定,未经财政部核准,不得私自设立内资银行,核准设立的银行不准从事登记核准业务种类以外的业务。由此,民国政府通过两部《银行法》,明确了银

[①] 谢振明、张知本:《中华民国立法史(下册)》,中国政法大学出版社2000年版,第853页。

行业市场准入经营的核准主义,改变了过去钱庄、票号随意设立的行为,使民国银行业走上了依法监管之路。

在法定最低资本方面,1931年的《银行法》规定:设立经营银行,实行最低资本限额制度,无限公司设立经营的银行最低资本额度为20万元,两合股份公司最低资本为50万元,在经济欠发达地区,财政部可以适当调低最低资本限额。财政部检查银行认缴资本额度是否按时缴纳,如未缴纳则督促其及时缴纳,初次认缴的资本低于资本额度50%的,禁止发给其营业证书,剩余资本要求在三年内补足,若三年内未补足认缴的资本额度,财政部将强令其减少资本,从而使其实际资本与认缴资本保持一致。最低资本额制度提高了银行设立的门槛,把资金薄弱的银行设立申请者排除在外,有利于银行风险的防范。①

2. 银行业务监管

一是对银行业务的检查。1931年《银行法》第23条规定:"财政部可以随时命令银行报告营业情况,提出文书账簿",第24条规定:"财政部必要时派人或委派所在地的主管官署检查银行的营业及财产状况",第26条规定:"检查员须于检查终了十五日内,将检查情形呈报财政部或呈由所在地主管官署转财政部查核,凡银行的不良贷款及职员舞弊情形均应详细记录在内"。由此可见,民国时期政府已注重银行业务监管。随时命令银行报告业务情况可使银行时时处于监督之下,必要时进行实地考察可防范银行的弄虚作假行为,检查报告的提交促使检查员更好地履行职责,以此防范金融风险。

二是对贷款业务的监管。民国时期商业银行的核心业务是贷款业务,发生坏账是贷款业务的最大风险。1947年《银行法》明确规定,不得向银行职员及其负责人发放信用贷款。将银行职员及其负责人排除在信用贷款之外,避免了银行内部员工在信用贷款业务方面的徇私舞弊行为。此外,发放信用贷款的额度与期限也有明确规定:信用贷款人的贷款额度应小于其在商业银行的存款额度的25%,信用贷款的

---

① 马一、李海波:《民国私营银行经营风险及其外部规制考——兼谈对我国当下民营银行的启示》,《福建江夏学院学报》2016年2月。

期限控制在 6 个月以内。商业银行的负责人违规操作信用贷款,将会被处以罚金甚至撤职处分。抵押贷款的额度必须控制在抵押物或质押物价值的 70% 以内,以此来保证抵押品的价值总是高于其所得的贷款,保障每笔抵押和质押贷款的质量,防止借款人重复抵押导致贷款风险缓释失效,到期无法回收。

三是建立信息披露监管制度。1931 年《银行法》第 18 条规定:"每营业年度终了,银行应造具营业报告书,呈报财政部查核,并依财政部所定表式,造具资产负债表、损益计算书告之,如系有限组织之银行,除遵照前项办理外,并应填具公积金及股息、红利分配之议案,登载总分行所在地报纸公告之",1947 年《银行法》第 38 条规定:"银行每届营业年终了,应将营业报告书、资产负债表、财产目录、损益表、盈余分配之决议或议案,于股东同意或股东会承认后十五日之内,呈报中央主管官署查核。"从以上两部《银行法》的规定可知,民国政府已经注意到商业银行信息披露的重要性。通过信息披露,政府能够掌握银行经营的各项活动,对损害债权人利益的行为,如关联交易行为,可及时进行监管。尽管信息披露制度在当时并未切实地实行,但是对当下发展民营银行、加强对民营银行的监管、保护债权人利益具有重要的借鉴意义。

3. 市场退出法律制度

(1) 股东加倍责任制。

1931 年《银行法》通过加重银行设立者、监督者的法律责任,加强银行资本额管理。法律规定银行股东应负所认股额加倍之责任,作为法人的银行不得再成为商店、其他银行或公司的股东,凡已出资入股者,必须在该法施行后三年内退出。逾期不退出者,应按入股之数核减其资本总额。同时为防止银行间资金相互抵充,规定银行放款收受他行股票为抵押品时,不得超过该行股票总额的 1%。如对该行另有放款,其所放款额连同上一项受押股票数额合计,不得超过本行实收资本及公积金的 10%。上述规定既有利于防止银行利用所吸收的资金巧立名目、设立机构、一本两用,减少本行资本,影响债权人法益之安全,也有助于防止银行滥放款项,扶持银行稳健经营。

(2) 破产清算监理制度。

民国政府财政部于1935年公布的《监督银钱业清理方法规定》明确规定：银行停业，需要财政部指派专员会同银行业会进行清理，经法院宣告银行破产清算除外，仍需要指派专员进行检查，并将检查情况报财政部查核。清理期限，如无特殊事由，不准延长，以3个月为期限。在清理期间，经理人、董事、监察人及无限责任股东不得离开其居住地。如果发现其有外逃、转移财产的行为时，应立即对其加以严格监管。如其已逃脱，则需要本部专员呈请对其进行通缉。如在清理期间，发现董事、经理、监察人及其他高管人员有舞弊行为，则需要对其进行监管，并依法查办。同时，《银行法》对银行退出市场的清算程序作了详细规定。银行清算时应依下列次序偿付：①银行发行兑换券者其兑换券；②有储蓄存款者其储蓄存款；③1000元未满之存款；④1000元以上之存款。

(3) 存款保险制度。

为了加强对存款人利益的保护，1947年《银行法》借鉴了美国银行法关于存款保险的规定。其中第44条规定，银行为保护存款人利益，应联合成立存款保险之组织。这是中国近代银行法第一次以法律的形式规定存款保险制度，虽然鉴于当时的国内环境该条款最终并未实施，但仍不可否认其借鉴价值。

二、开放民间资本发起设立城市信用社的经验教训

民间资本进入银行业并非全新话题。据银监会统计，截至2015年末，我国股份制商业银行和城市商业银行总股份中，民营资本占比分别为51%和56%，农村中小金融机构整体股权结构中民间资本占比达92%，其中农村合作金融机构股权结构中民间资本占93%。之所以中央监管部门一直对民间资本发起设立银行持审慎态度，与20世纪80年代人民银行开放民间资本发起设立城市信用社的不成功实践有内在的因果关系。

我国的民营资本进入银行业始于20世纪70年代末，当时国家鼓

励居民集资建立城市信用社，为城市中小企业和居民提供储蓄和借贷服务，为地方经济搭桥铺路。第一家城市信用社成立于1979年，经过十几年的快速发展，截至1995年底，全国共有城市信用社5279家，其中有相当比例的资本来自民营企业。然而，由于当时准入机制不健全，准入壁垒设置较低，导致许多人一拥而上盲目设立了一大批城市信用社，致使机构膨胀，出现"银行过度"现象。另外，许多城市信用社从一开始就没有完全按照现代企业制度建制，以致形成了内部人控制，变成了违规经营的载体。例如出资人与经营者没有分开，许多信用社变成家族式机构，结果他们把信用社当作圈钱的地方。

1997年亚洲金融危机爆发后，大批城市信用社出现了严重亏损，国家不得不对其进行整顿。经过1998~2002年的整顿，2002年末城市信用社只剩下449家，且仅存的这些仍然存在一些问题，需要进一步调整。2012年4月，我国最后一家城市信用社宁波象山县绿叶城市信用社改制为城市商业银行，至此城市信用社正式退出了历史舞台。

由于我国政府在处置金融风险时几乎承担了对个人债权的全部责任，因而对控制权格外关注。围绕如何处置城市信用社，当时有两种办法。一种是让信用社破产，风险自担，就是让存款人承担信用社破产风险。但鉴于20世纪90年代初老百姓还没有自担风险的准备，一旦某个城市信用社破产，很容易诱发对所有城市信用社的挤兑，因此不能采用这一方案。另一种方法是对城信社进行重组，取消信用社的独立法人地位，成立城市商业银行，化解风险。中央当时决定城商行的组建由地方政府主导。

回顾前述民营资本发起设立城市信用社的历史，效果并不理想，主管部门由此对民营资本产生了不信任感，在较长时间里民营资本受到了不平等的对待。我国金融体制改革发展到今天，应该在市场经济中给民营资本以平等的地位。关键是要确保制度设计如何在放开准入的同时，实现有效防控风险。

三、现有民营城市商业银行的发展历程与经验总结

我国民营资本参股的银行不少，但能做到民有、民营、民管的还

非常少,浙江有3家特色鲜明、经营领先的民营银行台州银行、泰隆银行和民泰银行。奚尊夏等(2014)运用DEA模型对3家民营银行和8家非民营城商行进行了对比研究,结果表明:一是民营银行相对于非民营银行有明显的竞争优势,2008~2012年民营银行绩效高于非民营城商行65%以上;二是民营银行清晰的定位有利于其提升竞争力,台州3家民营银行一直专注、专业、专门服务小微企业,2014年2月末,3家银行小微企业(含个人经营性)贷款占比72.39%,高于全国及全省43.8、34.9个百分点,户均贷款不到50万元;三是民营银行的体制机制优势有利于其形成独特的竞争力,市场化导向和商业化运作使民营银行更具动力和持续完善模式的动机。

总结前述3家民营银行的发展经验,以下几点值得新发起设立的民营银行借鉴:一是坚持市场化、民营化的发展导向,确保产权清晰、自主经营。二是构建现代化、高效性的法人治理结构,推动合规审慎经营。要建立现代商业银行公司治理机制,真正让资本决策机制发挥作用。三是寻求差异化、零售化的经营模式,准确定位服务小微企业。例如,3家民营银行坚持与国有大型银行开展错位竞争,将约40%的人力配置到客户经理,变"坐商"为"行商",实现贷款流程的集约化、标准化,将信贷审批权下放,适度提高小微贷款不良容忍度,促敢放、能放小微贷款。四是创新特色化、人性化的软信息收集和担保机制,破解信息不对称、抵押品缺乏难题。五是推行差异化、系统性的利率定价和成本控制机制,形成收益覆盖成本的盈利模式。六是建立全方位、可量化的风险管控和内部激励机制,防范内部人控制、操作和道德等风险。七是具备独立化、学院式的人才培养机制,保障满足与运作模式相配套的人才需求。

第一章
民间资本发起设立民营银行的政策框架和发展历程

第一节 发起设立民营银行的政策依据与演进历程

2013年8月《国务院办公厅关于金融支持小微企业发展的实施意见》中提出，尝试由民间资本发起设立自担风险的民营银行，结束了自1995年人民银行批筹民生银行以来，民间资本发起设立银行的停滞局面，重新开启了民间资本进入银行业的"增量模式"。

一、政策发展沿革

民营银行的发起设立属于民间资本进入银行业的"增量模式"，它本身就是我国金融体制改革的产物。1995年批筹、1996年挂牌的民生银行由中华全国工商联发起组建，是我国第一家由非公有制企业控股的全国性股份制商业银行。此后的十几年中，由于存款保险制度、银行市场化退出制度尚未建立，加之前期开放民间资本发起设立的城市信用社、农村金融服务社和合作基金会出现倒闭风波以及"德隆系"等一系列风险事件爆发，主管部门对民间资本发起设立银行一直持审慎态度，民间资本进入银行业一直是以"存量模式"实现的。具体而言，包括以下三种：一是由民间资本与主发起银行共同设立村镇银行。截至2015年5月末，已新设1263家村镇银行，其中93%的村镇银行引进了民间资本，民间资本占比为73.4%。这类机构的共同特点是由民间资本与主发起银行共同设立，剩余风险主要由主发起银行承担。二是民间资本参与现有银行业金融机构的重组改制。2003年以来，为盘活存量银行业金融机构，化解历史金融风险，银监会鼓励民间资本参与城市商业银行、农村信用社、股份制银行和信托公司等金融机构的增资扩股和重组改制，既化解了历史风险，增强了银行资本实力，又拓宽了民间资本进入银行业的渠道。截至2015年5月，民间资本参与组建农村商业银行758家，民间资本占比达85%；参股城市商业银行 134 家，民间资本占比达 56%；重组信托公司 33 家，民间资本占比达 45% 以上。这类机构的共同特点是民间资本作为战略投资者进入，帮助化解了存量金融风险。三是民间资本向银行业金融机构投资入股。2005 年以来，结合银行业金融机构的改制上市，吸引民间资本通过增资扩股、受让股权、二级市场增持等方式进入现有银行业金融机构，依法合规推进混合所有制改革。截至 2015 年 5 月，20 家境内外上市银行中，境内外民间资本持有股份价值约 2.2 万亿元，约占上市银行总市值的 25%。从参股的机构数量和占比上看，股份制商业银行的民间资本占比已提高到 51%；城市商业银行民间资本占比已提高到 56%。民间资本在股份制银行和城商行股份占比超过 50% 的已经有 100 多家，占总数的 70% 左右。这类机构的共同特点是民间资本在增资扩股环节作为投资者进入已设立的银行，共同分享银行业改革发展成果。

2013 年 8 月，《国务院办公厅关于金融支持经济结构调整和转型升级》的指导意见提出"尝试由民间资本发起设立自担风险的民营银行"。这是新一届政府在经济发展进入新常态的背景下，以供给侧改革的创新思路完善银行业体制机制，解决融资难、融资贵问题的重要举措，也标志着民营银行准入政策重大调整的开端。2013 年 11 月，中共十八届三中全会通过的《关于全面深化改革若干重大问题的决定》提出"在加强监管的前提下，允许具备条件的民间资本依法发起设立中小型银行等金融机构"。上述政策明确表述以加强监管为放开民营银行准入的前提条件，同时指出民间资本发起设立银行应遵循法定条件和程序。为精准实现增加基层金融服务供给的政策意图，避免民营银行以盲目做大为目标与现有银行开展同质化竞争，明确新设立的民营银行为中小型银行。

中共十八届三中全会后，根据中央全面深化改革领导小组的分工安排，"在加强监管的前提下，允许民间资本新设中小型银行等金融机构"被列为 2014 年改革重点工作，由银监会牵头推进。此后，银监会、人民银行等相关部门落实中央和国务院的政策精神，于 2014 年初启动民营银行试点。2014 年 3 月，银监会批准首批 5 家民营银行试点方案，阿里巴巴、腾讯、均瑶等十家民营企业获准启动银行筹建程序。2014年底，首家试点民营银行——前海微众银行正式开业运营，到2015年5月，第一批5家试点民营银行全部如期开业。2015年5月《存款保险条例》出台后，首批试点民营银行均已加入存款保险体系。2015年6月，经党中央、国务院批准，银监会发布《关于促进民营银行健康发展的指导意见》，从指导思想、基本原则、准入条件、许可程序、促进发展、加强监管和营造环境七个方面加强顶层制度设计。2015年8月，银监会发布《市场准入工作实施细则》，对民营银行准入条件和审核要求做出细化规定。同时推行限时审批制，受理时长从6个月压缩到4个月。截至2016年底，第二批14家民营银行完成论证，重庆富民银行、四川新网银行等12家民营银行获准筹建。2016年底，为贯彻落实《关于促进民营银行发展的指导意见》，形成规制统一、权责明晰、运转协调、安全高效的民营银行监管体系，切实促进民营银行依法合规经营、科学稳健发展，银监会印发了《关于民营银行监管的指导意见》，确立了民营银行监管制度框架。

表1-1 民间资本发起设立民营银行相关政策一览表

时间	政策名称	发布机构	核心内容
2013年8月	《国务院办公厅关于金融支持小微企业发展的实施意见》	国务院办公厅	推动尝试由民间资本发起设立自担风险的民营银行、金融租赁公司和消费金融公司等金融机构
2013年11月	《关于全面深化改革若干重大问题的决定》	党中央	在加强监管的前提下，允许具备条件的民间资本依法发起设立中小型银行等金融机构
2015年3月	《政府工作报告》	国务院	推动具备条件的民间资本依法发起设立中小型银行等金融机构，成熟一家，批准一家，不设限额

续表

时间	政策名称	发布机构	核心内容
2015年6月	《关于促进民营银行发展的指导意见》	国务院办公厅转发	推动具备条件的民间资本依法发起设立中小型银行顶层政策设计
2015年8月	《中国银监会市场准入工作实施细则》	银监会	对民营银行市场准入条件及审核要求做出具体规定
2016年2月	《关于银行业进一步做好服务实体经济发展工作的指导意见》	银监会	通过民营银行常态化申设等途径提高信贷资金供给和配置效率
2016年3月	《政府工作报告》	国务院	发展民营银行
2016年3月	《关于2016年深化经济体制改革重点工作的意见》	国家发改委	深化金融机构改革，进一步扩大民间资本进入银行业，发展民营银行
2016年12月	《关于民营银行监管的指导意见》	银监会	确立民营银行监管制度框架

资料来源：作者整理。

表1-2　已批筹民营银行基本情况

银行名称	批筹时间	注册资本（亿元）	主发起人（持股比例）	发起人主业
梅州客商银行	2016年12月29日	20	广东宝丽华新能源股份公司（30%）	新能源
			广东塔牌集团股份公司（20%）	水泥、建筑材料
			广东喜之郎集团有限公司（19.9%）	食品
			广东超华科技股份公司（17.6%）	食品
			广东温氏食品集团股份公司（12.5%）	科技

续表

银行名称	批筹时间	注册资本（亿元）	主发起人（持股比例）	发起人主业
北京中关村银行	2016年12月19日	40	用友网络科技股份公司（29.8%）	计算机
			北京碧水源科技股份公司（27%）	环保
辽宁振兴银行	2016年12月16日	20	沈阳荣盛中天实业有限公司（30%）	房地产
			沈阳天新浩科技有限公司（28%）	科技服务
			沈阳启源工业泵研究有限公司（22.5%）	技术服务
吉林亿联银行	2016年12月16日	20	中发金控投资管理有限公司（30%）	投资
			吉林三块科技有限公司（28.5%）	互联网
威海蓝海银行	2016年12月16日	20	威高集团有限公司（30%）	生物医药
			赤山集团有限公司（22.5%）	海洋捕捞
			迪尚集团有限公司（12.5%）	纺织服装
江苏苏宁银行	2016年12月16日	40	苏宁云商集团股份公司（30%）	电子商务
			日出东方太阳能股份公司（23.6%）	光伏太阳能
武汉众邦银行	2016年12月5日	20	卓尔控股有限公司（30%）	企业供应链
			武汉当代科技产业集团股份公司（20%）	产业投资
			壹网通科技有限公司（20%）	计算机
			钰龙集团有限公司（10%）	房地产
			奥山投资有限公司（10%）	产业投资
			武汉法斯克能源科技公司（10%）	建筑节能

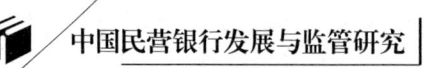

续表

银行名称	批筹时间	注册资本（亿元）	主发起人（持股比例）	发起人主业
福建华通银行	2016年11月23日	24	永辉超市股份公司（27.5%）	批发零售业
			阳光控股有限公司（26.25%）	产业投资
安徽新安银行	2016年11月7日	20	安徽省南翔贸易集团公司（30%）	商贸物流
			合肥华泰集团股份公司（26%）	食品、房地产
			安徽金彩牛实业集团公司（20%）	房地产
			安徽中辰投资控股公司（15%）	房地产、水务
湖南三湘银行	2016年7月26日	30	三一集团公司（18%）	机械制造
			湖南汉森制药股份公司（15%）	医药
			湖南三一智能控制设备公司（12%）	科技服务
			湖南邵东县新仁铝业有限公司（12%）	铝制造
四川新网银行	2016年6月7日	30	新希望集团有限公司（30%）	农业
			四川银米科技有限公司（29.5%）	互联网
			成都红旗连锁股份有限公司（15%）	批发零售
重庆富民银行	2016年5月3日	30	瀚华金控股份公司（30%）	金融
			宗申产业集团公司（28%）	机械制造
			福安药业集团股份公司（16%）	医药
			重庆瀚江压铸公司（13%）	机械制造

续表

银行名称	批筹时间	注册资本（亿元）	主发起人（持股比例）	发起人主业
浙江网商银行	2014年9月26日	40	蚂蚁小微金融服务集团公司（30%）	金融
			上海复兴工业技术发展公司（25%）	机械制造
			万向三农集团公司（18%）	三农
			宁波金润资产经营公司（16%）	产业投资
上海华瑞银行	2014年9月26日	30	上海均瑶集团有限公司（30%）	航空运输
			美特斯邦威服饰股份公司（15%）	服装
温州民商银行	2014年7月25日	20	正泰集团股份公司（29%）	电器制造
			华峰氨纶股份公司（20%）	氨纶纤维
天津金城银行	2014年7月24日	30	华北集团有限公司（20%）	铜产业
			麦购天津集团有限公司（18%）	商业物流
深圳前海微众银行	2014年7月24日	40	腾讯网域计算机网络公司（30%）	互联网
			深圳百业源投资有限公司（20%）	实业投资
			深圳立业集团公司（20%）	产业投资

资料来源：作者整理。

二、政策框架主要构成要素分析——基于《关于促进民营银行发展的指导意见》的解读

《关于促进民营银行发展的指导意见》（以下简称《意见》）虽然在法律位阶上仅属于银监会部门规章，但其制定过程中经党中央、国务院同意，是民间资本发起设立民营银行改革所须遵循的完整的、系统的、权威的政策框架。

（一）指导思想

本部分列出了发展民营银行政策框架的总纲，一是强调坚持社会主义市场经济改革方向和遵循市场规律；二是确定整个政策的基调：以加强监管为前提，积极推动具备条件的民间资本依法发起设立中小型银行等金融机构；三是明确了改革的目标：进一步丰富和完善银行业金融机构体系，激发民营经济的活力。重点是增强对中小微、三农、社区等当前经济发展薄弱环节的金融支持力度，以更好服务实体经济为依归。

（二）基本原则

一是强调积极发展，公平对待。提出要对民间资本、国有资本和境外资本一视同仁，并鼓励民营银行开展产品、服务、管理和技术创新。二是坚持依法合规，防范风险为要。强调成熟一家，设立一家，防止一哄而起。从首批5家试点银行批复到第6家重庆富民银行批筹，经历了18个月，可见监管部门的审慎。在风险防控方面，提出引导民营银行建立风险防控长效机制。根据民间资本的特点，重点防范关联交易风险和风险外溢。三是循序渐进，创新模式。在鼓励民间资本进入银行业的具体路径上，《意见》坚持存量改造和增量改革并行不悖的思路，一方面稳妥推进新设民营银行，鼓励差异化、特色化模式创新；另一方面继续支持民间资本通过增资扩股、股权受让、二级市场增持、参与高风险机构处置等多种方式推进混合所有制改革。

（三）准入条件

这部分是《意见》的核心部分。首先明确了民营银行市场准入的法律法规依据，包括《银监法》《商业银行法》和新修订的《中资商业银行行政许可实施办法》等。具体而言，一是鼓励符合条件的民营企业以自有资金投资银行业金融机构。列举了《中资商业银行行政许可实施办法》对民营银行发起人所规定的七项条件，同时强调只能以自有资金入股。二是强调为防范风险从外部传导到民营银行，要做好民营银行股东遴选。为此要求拟投资民营银行的资本所有者要奉公守法，有良好的个人威望；法人股东公司治理结构完善。为防控不当关联交易风险，特别强调关联企业和股权关系简洁透明，没有关联交易的组织构造与不良记录。三是严格民营银行的设立标准。包括良好的股权结构和公司治理结构、合理可行的业务范围、市场定位和计划、合法的章程、具备任职资格的董事、高管人员和熟悉业务的从业人员、符合要求的营业场所等，注册资本要求按照目前城商行的标准执行（不低于20亿元）[①]。四是借鉴试点经验，重申民间资本发起设立民营银行要遵循五项原则。原则一要求民营银行要有承担剩余风险的制度安排，具体而言，银行主发起人要以合同方式承诺承担银行经营的剩余风险，防止风险传染和转嫁，保护存款人利益。这一规定的背景是首批试点银行批筹在存款保险制度出台之前，因此需要通过发起人自担风险来保护存款人利益，以此为银行增信。存款保险制度出台后，自担风险的制度安排如何与《存款保险条例》衔接有必要加以明确。原则二要求有办好银行的股东资质条件和抗风险能力，首批入选的民营资本都属于不易受经济周期影响的行业，具备相当的资金实力和盈利能力，第一大股东的净资产规模都在100亿元以上，且处于行业领先地位，具备抗御风险的能力。原则三要求有股东接受监管的具体条款。为防止民营银行主要发起人（银行开业后的主要股东）滥用控股权损害银行的安全性和稳健性，防止主要股东及其关联机构不当关联交易的风险向银行传递，《意见》重申民营银行主要发起人要承诺接受银行业监管部门的延伸监管，定期报告业务经营、资产负债特别是净资产变动情况，确保持续保有流动性支持和存款偿付能力。原则四要求有差异化的市场定位和特定战略。银监会在试点实践中对民营银行实行有限牌照，鼓励其在特定业务领域做专做精。随着利率市场化改革的加快推进，我国银行业竞争格局正在经历深刻的变化，竞争压力显著增大。民营银行作为银行业新的进入者，唯有坚持差异化

[①] 《商业银行法》对城商行注册资本的要求为不低于1亿元。但该规定还是执行1995年的标准，随着经济社会发展，目前银监会在准入监管实践中对城商行注册资本的要求已提高到不低于20亿元。

的经营模式，推出特色化的金融产品与服务才能站稳脚跟，形成核心竞争力，实现可持续发展。原则五要求有合法可行的风险恢复和处置计划，即民营银行要制定生前遗嘱，明确经营失败后的风险化解、债务清偿和机构处置等安排，实现有序退出市场。

（四）许可程序

《意见》强调提高银行业市场准入透明度，为此明确了具体的许可程序，分为筹建程序和开业程序两个部分。筹建程序明确了两个关键时限：一是银监会批准时限为四个月，自收到完整申请材料之日起算；二是民营银行筹建期为批准决定之日起六个月，筹建可以延期一次，最多延长三个月。开业程序明确了受理主体为筹建组所在地银监局，同时也明确了两个关键审批时限。开业核准时限为两个月，自银监局收到开业申请之日起算。开业时限为领取营业执照之日起六个月，如果未能如期开业，可提前一个月申请延期一次，最多延长三个月。

（五）稳健发展

一是明确定位，创新发展。《意见》明确了民营银行整体市场定位，鼓励差异化发展。具体而言，应与现有商业银行实现互补发展，错位竞争。鼓励开展存、贷、汇等基本业务，定位于服务实体经济特别是中小微、三农和社区。在创新发展方面，明确支持利用大数据、云计算、移动互联网等新一代信息技术提供普惠金融服务。二是完善治理，防范风险。要求民营银行加强自我约束，完善公司治理和内控体系，建立多层次风险防范体系，切实防范风险。具体而言，明确了六项责任，即公司治理责任、董事高管责任、股东责任、风控责任、关联交易管理责任和维护消费者权益责任。

（六）加强监管

总体而言，强调加快职能转变，构造规制统一、权责明晰、运转协调、安全高效的监管体系，有效实施全程监管、创新监管和协同监管。一是做实全程监管。建立涵盖民营银行市场准入、持续监管和市场退出全生命周期的审慎监管体系，避免监管真空，防止监管套利。要求地方政府建立与监管部门信息共享、风险处置的协作机制，实际上赋予了地方政府部分风险处置责任，但具体如何落地尚不明确。二是坚持创新监管，创新监管手段，简化监管流程，优化监管资源，突出属地银监局联动监管。三是坚持协同监管。加快推进有利于民营银行发展的金融基础设施建设，如规范银行远程开立账户的管理规定；完善金融机构市场退出机制，厘清民营银行主要股东、存款保险机构、银行监管机构和央行最后贷款人在民营银行市场退出环节的职责分工和协作机制。

围绕加强民营银行监管，银监会总结试点期间的实践经验，于2016年底发布了《关于民营银行监管的指导意见》，明确了坚持审慎监管与创新发展并重，全程监管、创新监管和协同监管相统一，统一监管和差异化监管相结合，试点经验和常态化设立相衔接等原则，并提出了一系列具体要求。

（七）营造环境

本部分提出了五项要求：一是加强工作指导，营造促进民营银行发展的改革环境。二是推进制度建设，营造良好信用环境，推进金融信用信息基础数据库和统一信用信息共享交换平台的建设和运用，健全违约通报惩戒机制，为民营银行控制信用风险提供重要保障。三是做好组织落实，营造有利于民营银行发展的经营环境。四是强化行业自律，营造良好的市场竞争环境。五是加强宣传引导，为民营银行健康发展创造良好的舆论环境。

第二节　首批民营银行试点情况

2015年4月起，国务院发展研究中心金融所先后组织对首批五家民营银行和部分银监局进行了现场调研，对5家试点民营银行经营管理和日常监管中的实际情况取得了第一手资料。

一、试点成效

（一）总体情况

1. 基本业务数据

2014年底，首家民营银行前海微众银行成立。截至2015年底，5家试点民营银行资产总额为794.32亿元，贷款余额为236.04亿元；负债总额为650.90亿元，存款余额为199.43亿元；不良贷款余额为0.18亿元，不良率为0.07%；资本充足率、拨备覆盖率、流动性比率等主要监管指标符合要求。天津金城、上海华瑞和温州民商银行目前不良贷款为零，温州民商银行实现当年盈利。根据银监会最新公布的数据，截至2016年第三季度末，包括2016年8月新开业的重庆富民银行在内的6家已开业民营银行资产总额1329.31亿元，各项贷款611.57亿元，各项存款428.20亿元，平均不良贷款率攀升至0.54%，拨备覆盖率471.21%。

表1-3　首批试点民营银行2015年度经营业绩比较

单位：亿元

银行名称	总资产	总负债	存款余额	贷款余额	不良贷款	盈亏
天津金城	157.23	127.52	90	45	0	-0.29
上海华瑞	208.08	178.12	97.33	70.23	0	盈亏平衡
浙江网商	301.99	262.61	未公布	74.11	0.13	亏损
温州民商	30.82	10.71	10.33	8.08	0	盈利0.1
前海微众	96.21	71.94	未公布	38.62	0.046	亏损
合计	794.32	650.90	199.43	236.04	0.176	

资料来源：《中国银监会年报》（2015）。罗毅、沈娟：《市场化之基因，特色化之道路》，华泰证券民营银行发展专题研究报告，2016年5月9日。

2. 公司治理架构落地运转

一是形成了相互制衡的股权结构。分析5家民营银行的股权结构，总的来看都体现了相互制衡的原则，单一股东持股比例不超过30%，控制权由2~3个大股东分享。在此种股权结构下，任何一个股东都无法单独控制民营银行决策，能够实现股东之间相互监督，由此既确保股权相对集中，决策相对高效的优势，又能抑制大股东侵害公司利益，剥夺中小股东权利。

二是按照《商业银行公司治理指引》的要求，五家银行各自建立了较为完善的"三会一层"治理架构，董事会、监事会分别下设专门委员会支持履职。

三是落实监管要求，加强关联交易管理。如微众银行明确划下两条红线：第一，银行不为股东及其关联企业的融资行为提供担保；第二，发起人股东以及各自的关联公司不得从本行获得任何贷款。网商银行股东承诺不与银行发生任何违反法律法规的关联交易且不谋求优于公司其他股东的关联交易。民商银行制定关联交易管理办法，明确了关联方主要情况申报、关联交易遵循原则、审批程序和标准、关联董事回避和表决程序、关联交易审计、报告及信息披露、法律责任等内容。华瑞银行建立诚信公允的关联交易管理体系，以"控制实质性风险，把握业务机会，规范审批流程，严守监管底线"为管理原则，严格交易额度、审批层级和审批程序，构筑面向全行、覆盖主要产品和涉及业务全过程的关联交易管理架构。

（二）试点银行市场定位与业务模式

总的看来，5家试点银行紧密围绕实体经济金融服务需求，聚焦中小微企业、"三农"、社区和"大众创业、万众创新"等薄弱领域的金融服务。据银监会统计，截至2016年第三季度末，民营银行小微企业贷款户均余额约45万元；个人经营性贷款户均余额约1.15万元，个人消费性贷款户均余额约0.79万元，均显著低于银行业平均水平，有效降低了融资门槛。与此同时，试点银行立足特色经营，发挥比较优势，努力探索实践差异化市场定位。迄今各项业务开展基本符合设立初衷：金城银行侧重"公存公贷"，微众银行坚持"个存小贷"，网商银行秉承"小存小贷"，华瑞银行和民商银行定位于"特定区域"。华瑞银行、

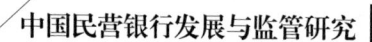

金城银行和民商银行接近传统的区域性银行,目前主要借助线下网点为区域内客户提供传统的存、贷、汇金融服务,同时积极探索差异化业务模式。微众银行和网商银行积极发挥大股东的互联网基因和优势,力求通过线上互联网平台为客户提供服务。

1. 上海华瑞银行

作为首家注册于上海自贸试验区内的法人银行,华瑞银行一是打"自贸区"牌,突出定位于上海自贸区的全面金融服务,覆盖"结算、投资、融资、交易"的专属金融产品和服务系统。充分利用上海自贸试验区内法人银行的优势,加快自由贸易(FT)账户服务体系建设,强化跨境金融专业服务能力。据行长朱韬介绍,该行目前已为超过200家企业提供跨境金融服务。截至2016年11月末,上海华瑞银行资产规模突破300亿元,各项存款余额165亿元,各项贷款余额115亿元。二是打"科技金融"牌,以纳入投贷联动试点为契机,上海华瑞银行与股东均瑶集团通力合作,实现利息加投资增值的双收益模式,积极打造交易服务型银行。

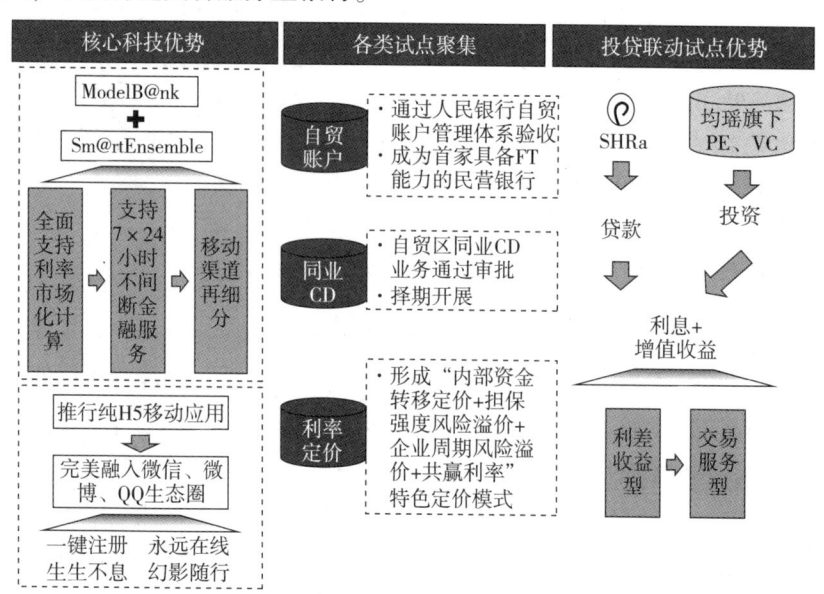

图 1-1 上海华瑞银行业务特点与优势

2. 温州民商银行

温州民商银行充分发挥地头熟和人头熟的优势，13家股东单位拥有上万家上下游企业。一是针对温州小微企业占比高、分布面广的特点，该行改进传统的营销方式，利用股东产业链优势，着力推进"一带一群、一带一圈、一带一链"的批量营销模式，通过与当地产业圈合作，为小微创业园、商圈、供应链内的成批小微企业提供批量化金融服务。截至2016年11月末，前述"三带模式"共发放贷款1778笔，共计19.18亿元。二是推出"旺商贷""商人贷""益商贷""信惠贷"等特色产品。三是确立"家庭稳固、经营稳定、投资稳健"的客户准入标准，采用"问人品、问流量、问用途"的信贷调查模式，强化信贷业务管理。截至2016年11月末，温州民商银行不良贷款额为零。

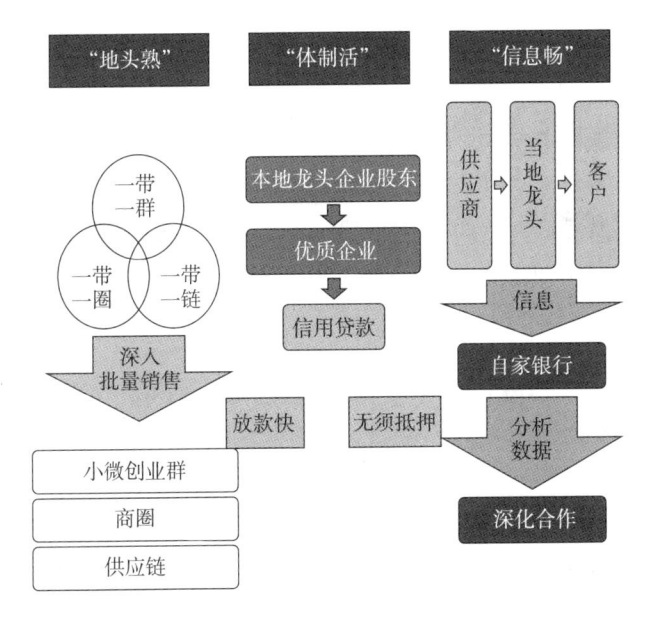

图1-2 温州民商银行业务特点及优势

3. 天津金城银行

天津金城银行定位为公存公贷业务，对接京津冀协同发展战略，积极发展对公供应链业务，并确立财政、旅游、汽车、物流、医疗卫生、节能环保、航空航天、电子商务八个细分市场，建立事业部体制，深化细分领域专业度。同时将"一主两翼"作为主要发展战略目标，（"一主"为传统业务，"两翼"为创新业务和互联网金融），着力打造资产驱动、主动负债型的轻资产银行。据吴小平行长介绍，金城银行研发推出了金城"政购通"项下系列产品体系，依托财政金融领域，专注于服务中小微企业，目前上线的产品有政采贷、退税贷和凭证贷，共服务客户50余户，累计实现4776万元的资金投放。截至2016年11月底，天津金城银行不良贷款额也为零。

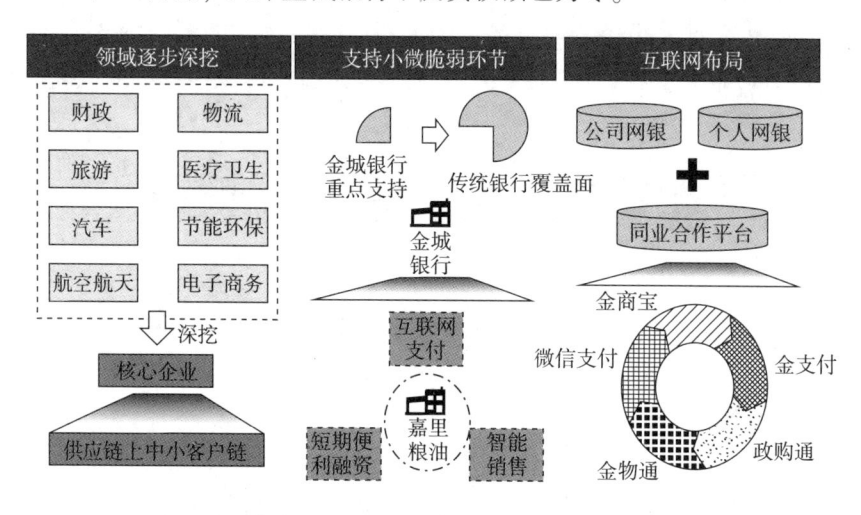

图1-3 天津金城银行业务特点及优势

4. 前海微众银行

（1）业务模式。

前海微众银行依托大股东腾讯在互联网技术、科技平台、用户基础、数据获取和分析能力上的优势，迄今没有设立任何实体网点和柜台，而是将互联网作为唯一的服务渠道，并以此为依托实现产品设计、精准营销和客户服务。业务实践中践行平台战略，将自身定位为"持有银行的互联网平台"：向目标客户普罗大众和微小企业提供金融产品，向其他银行和非银行金融机构提供经过数据模型筛选过的客户，以此实现"一手托两家"。通过与其他金融机构分享客户，降低金融业整体营销成本；通过向同业提供风控相关数据，降低信贷业务坏账成本；通过提供科技支持，降低自身运营成本，并由此推动全社会融资成本的逐步下降（见图1-4）。

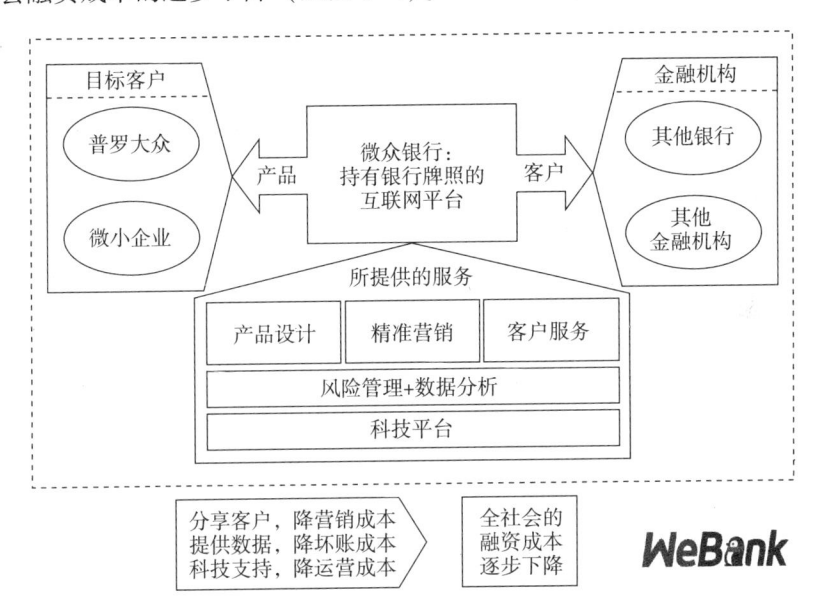

图 1-4　微众银行业务模式图

（2）目标客户。

微众银行的主要客户包括微小企业（个体工商户、自雇人士、创业企业、小型服务企业等）和普罗大众（产业工人、农民工、服务业从业者、年轻白领以及乡镇居民），原因有三点：一是上述群体有服务痛点，普遍面临融资难、融资贵问题，同时现有银行机构针对他们的需求提供的有效产品不足且手续繁杂；二是在信贷渗透率较低的情况下，随着上述群体未来收入的增加，服务前景可期；三是受牌照和资本金等实力约束，微众银行没有能力服务包括大中型企业、外资机构、各级政府、社会团体和高净值个人等在内的大客户，因此，服务小微企业和普罗大众是必然的选择。以践行普惠金融为目标，微众银行的发展愿景是在 10 年内为 3000 万微型企业和 3 亿大众提供服务，且其中 80%以上的信贷业务额度在 50 万元以下，以此落实"个存小贷"的业务模式。

（3）提供的产品和服务。

微众银行提供的产品力求实现可获得性、可承受性和普适性三个特征的统一。对普罗大众初期聚焦于提供小额无抵押贷款、信用支付工具、小额存款和理财等 3~5 个具有普适性的产品；对微型企业按细分客户群设计有针对性的产品，如向微店提供小额循环贷款，向卡车司机提供专属借贷合一卡等。在提供服务时，微众银行一是坚持从"小"开始，小额信用支付最低支付起点为 50 元，客户正常还款后额度可以逐步提升，以此积累信用；二是坚持差异化定价，以此奖励诚信。

以微粒贷为例，这是一款针对个人用户的消费类贷款产品，具有"无抵押、无担保、按日计息、随借随还"的特点。贷款全流程均在线上完成，获得邀请的借款人开通微粒贷后，借款 5 分钟即可到账，相比传统银行的产品具有突出的便捷性优势。在客户获取上，微粒贷目前面向微信与手机 QQ 的广大用户群体，以"微信钱包"和"QQ 钱包"作为产品入口，采用预授信的模式，以"白名单"邀请制的形式逐步向符合授信标准的用户定向开放，也有利于控制业务发展节奏和风险控制。截至 2016 年 11 月底，微众银行通过"微粒贷"主动授信客户数超过 5000 万，客户已经覆盖了全国 549 个城市，31 个省、市、自治区。除微粒贷之外，微众银行在成立一年多的时间里还推出了"微路贷""微车贷""微装贷"等产品，并涉足财富管理业务。对此，微众银行的解释是，作为刚成立的银行在业务发展节奏上重点抓少数拳头产品，以此满足长尾客户的核心需求，解决其主要痛点，这是落实普惠金融定位的现实选择。

（4）核心优势。

一是充分利用大股东腾讯集团的优势资源。第一，腾讯集团拥有真正意义上的海量活跃用户，手机 QQ 用户 6 亿人，微信使用者超过 5 亿。第二，腾讯在数据和科技方面具备优势，集团存储记录总数

400万亿条,每日新增7000亿条,以此奠定了对广大客户深度了解的基础。科技人员超过9000人,所管理的服务器超过30万台,技术专利超过1万项。第三,腾讯建立了多元场景,包括通信、社交、娱乐(视频、游戏等)、咨询、支付等。第四,它与京东、大众点评、58同城、滴滴打车等建立了广泛的合作伙伴关系。大股东向微众银行开放使用上述资源,这是微众银行在业内建立比较优势的重要前提和基础。

二是用科技降成本,建立难以复制的比较优势。首先,力求实现强系统,在完全自主研发去"IOE"结构基础上共享腾讯基础设施,最大限度降低边际成本。其次,与传统银行的模式相比,力求通过产品简单化,初期聚焦5个左右的拳头产品,在自动化交易占比、远程销售占比、线上服务率三个100%的基础上实现运营高效化。最后,通过夯实结构性成本优势,奠定服务大众的能力基础。坚持无网点、自动化的纯线上模式,采用无销售人员、机器人取代人工客服的轻人力模式,在共享腾讯基础设施的基础上,微众银行力求实现每员工服务的客户数的大幅度上升和每客户运营成本的大幅度下降。在IT成本方面,力求单位账户每年成本下降4~20倍,同时打通整体运营成本下降空间,力求实现每客户成本降至传统银行的15%~25%(见图1-5)。

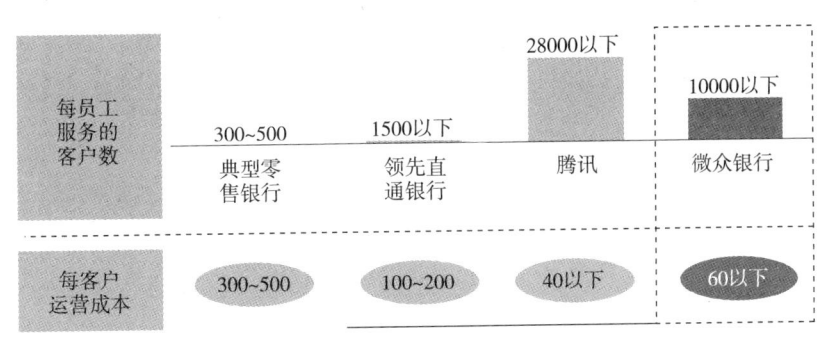

图1-5 服务客户数与运营成本对比

三是用数据控风险。自信能够用数据控制风险,这是微众银行敢于做微型企业和大众贷款的主要原因。在这方面,微众银行坚持采用与传统银行差异化的风控策略。首先,在客户群体选择上,坚持风控前置，有把握的客户群才做，一旦条件具备，决定做就力求将客户规模做大，以此分散风险。其次，在具体客户选择上，在传统统计模型基础上，微众银行引入了新的数据和机器学习、人工智能等新模型。凭借腾讯在社交和行为数据方面的优势，微众银行创新了风控管理手段。例如在信用风险方面，除了收集客户年龄、性别、地区、学历等基本信息之外，还能汇总活动信息（工作地点、非工作地点、出差、出境）、社交信息（好友数、加入微信群数、频繁联系数）、兴趣信息（阅读、体育爱好）、交易信息（商旅、理财、公益、使用设备）、性格信息（好友来源、密码修改、密码设置方式等）。在防范欺诈风险方面，可以收集汇总身份信息（人脸识别、活体检测）、交易信息（行为习惯、操作习惯）、盗用可能（设备信息、位置信息、交易对象等）。最后，采用"养客户"的策略，从微贷开始，培养客户的诚信意识，积累信用记录，真正做到"有借有还、再借不难、额度渐增、价格渐优"。

四是与同业开展合作。微众银行坚持"持有银行牌照的互联网平台"定位，通过发挥比较优势、共同经营客户，力求与传统银行等金融同业共存共荣。具体而言，微众银行有五个方面的输出能力：①亿数量级的客户资源；②与客户接触的多元场景和机会；③大数据、分析能力和新型风险模型；④优质资产；⑤高水平的科技和运营平台与能力。按照比较优势原则，传统银行等金融同业提供如下资源：①网点和线下服务能力；②本地市场洞见；③线下风险管理能力；④资产负债表和资本；⑤更宽广的产品线。在这一过程中，微众银行实现了输出能力、分散风险和扩大价值三位一体的目标。截至目前，微众银行已先后与兴业银行、华夏银行、东亚银行、上海银行等签署了战略合作协议。微粒贷建立的"同业合作"模式下的联合贷款平台，目前与25家金融机构合作，其中以城商行为主，其联合贷款客户80%左右的贷款资金由合作银行发放。

从产品层面分析，以微粒贷为例，在资金来源上，微粒贷采用了与合作银行共同提供资金的模式。微众提供客户、渠道和风控服务，资金则由微众银行和合作银行共同提供，其中合作银行资金占比超过

80%。微众银行按照信贷量的一定比例向合作银行收取服务费用，风险损失双方按照出资比例共同分担。未来随着时间推移，微众银行的风控模型如果被证明为有效和可靠，则其提供资金的比例可从现行的20%逐次下降至零。通过这种模式，微众银行降低了自有资金投入和资本占用，既实现了"不做大自身资产负债表、不降低平台模式估值"的初衷，又大大提高了盈利能力，体现了"平台化"的互联网银行思维。根据微众银行提供的数据，截至2016年11月底，微粒贷主动授信超过5000万人，贷款笔数500多万，平均每笔借款金额8000元左右，提款人群覆盖全国31个省市自治区的549座城市。微粒贷近64.8%的客户为25~35岁，大专及以上学历占比58.8%，不良率非常低。

5. 浙江网商银行

（1）定位与发展战略。

网商银行将普惠金融作为自身的使命，借助互联网的技术、数据和渠道创新，来帮助解决小微企业、个人创业者融资难融资贵、农村金融服务匮乏等问题，促进实体经济发展。网商银行根据自身比较优势，确立了三大发展战略：

1）服务小微。

聚焦小微是网商银行的核心战略。网商银行专注服务"长尾"客户，尤其是广大的小微网商、个人创业者和普通消费者，特别是其中的农村消费群体。据国家工商行政管理总局的数据，截至2013年底，中国共有小微企业约1170万户，个体工商户4436万户，小微企业+个体工商户的数量占比达到94%，这些客户长期被传统银行所忽略，却成为网商银行的座上宾。"我们永远不会去碰那20%的高价值客户群"，网商银行前行长俞胜法曾在公开报道中表示。以贷款业务为例，网商银行只做100万元以下的贷款业务，超过100万元的业务将对接传统银行，网商银行在其中为金融机构提供相关的信贷服务支持。从早年的阿里小贷到如今的网商银行，两者已累计为超过500万家小微企业和经营者提供融资服务，累计投放贷款超过1万亿元。一个可以对比的数据是，世人熟悉的诺贝尔和平奖获得者尤努斯博士创立的格莱珉银行,从 1976 年开始,风雨兼程近 40 年,累计发放贷款折合人民币 1000 多亿元。

网商银行深耕电商生态内的小微商户,为其线上全链路经营保驾护航。在日常经营中,围绕阿里集团电商生态场景,在基于电商的交易信息流、资金流、物流闭环内,网商银行对小微企业的供应链融资服务进行创新性探索,为小微企业提供了动态存货质押融资服务,使得商家可以利用菜鸟仓储体系内的货物质押融资,从而为商户提供从采购备货到销售的全链路金融服务。在大促的关键经营节点上,利用网商贷、订单贷、大促贷等产品帮助商户实现大促目标。同时,利用余利宝、定活宝等现金管理产品帮助小微企业盘活资金、提升收益。最后,通过网商有数产品反哺商户,以数据分析支持线上商户的业务运营。

随着阿里巴巴新零售战略尝试打通体系内标杆行业全渠道供应链,网商银行未来有机会将服务对象进一步扩展到行业供应链上下游的小微企业,为其全渠道经营保驾护航。

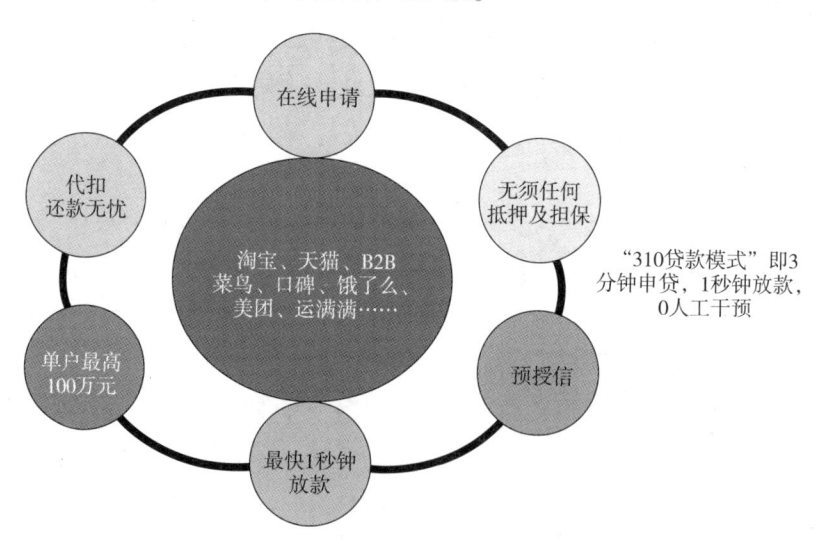

图 1-6 网商银行"310 贷款模式"

2)服务"三农"。

国内的农村金融市场长期以来存在着金融服务匮乏、融资难、融资贵的问题。协同阿里、蚂蚁体系内场景与业务资源,网商银行通过数字化、普惠的方式为"三农"用户提供包括针对农业经营主体的小额存贷款（旺农贷）、支付结算业务（旺农付）、保险业务（旺农保）在内的一系列业务，走出了一条创新的农村金融之路。

网商银行成立一年半以来，逐步摸索出了农村金融方面的三大业务模式：① 数据化金融平台模式——通过网络方式为全国范围的"三农"用户提供综合金融服务，包括支付、保险、信贷等服务。② "线上+线下"熟人模式——在信息化和金融服务欠缺的县域、乡村，网商银行联合阿里巴巴村淘合伙人、中和农信（中国扶贫基金会发起成立的小额贷款社会企业）的线下"熟人"，为用户提供贷款等金融服务，现已覆盖全国各省区市，并覆盖多数贫困县。③供应链金融模式——面向龙头企业的大型养殖户，与金融机构等联手，提供从贷款到销售的金融服务、生态服务。在解决大型养殖户资金等困难的同时，也减轻了龙头企业的产业链负担。金融服务的支持作用让农业更健康，未来的数据可溯源，让食品安全更有保证。

截至2016年底，网商银行已为3514万"三农"用户提供信用贷款服务，其中服务了157.8万家农村小微企业、农村个体工商户、农村种养殖户；为1.3亿"三农"活跃用户提供了互联网保障保险服务，累计投保笔数47.63亿笔；为1.6亿"三农"用户提供互联网支付、缴费、转账、充值等便捷支付服务。

3) 服务各类中小金融机构。

通过与传统金融机构的合作，网商银行不断拓展平台化经营。通过与中小金融机构的合作，完善同业合作生态，网商银行将经营中沉淀下来的基于互联网的风险识别能力、IT系统能力和数据分析能力对外输出，帮助中小金融机构更好地服务用户。例如网商银行在天猫电商平台上推出车秒贷服务，网商银行把客户吸引进来，提供风控和技术服务，支持汽车金融机构作为金融产品的提供商，为平台上的客户提供汽车金融服务。未来，开放、平台化将是网商银行的重要方向。通过自营沉淀模式锤炼能力，成熟后走出去，与包括传统金融机构在内的外部合作伙伴一起服务更广大场景内的小微企业将是网商银行的一个重要方向。

（2）核心能力。

网商银行的比较优势或者核心能力表现为两个方面：场景与流量、大数据与风控（见图1-7）。

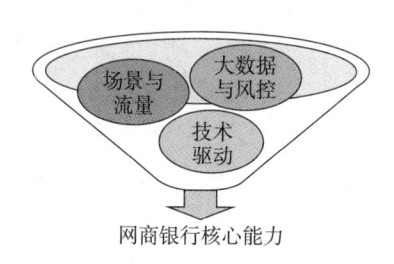

图1-7 网商银行核心能力

一是场景与流量。网商银行通过最终控制人阿里巴巴旗下的淘宝网、天猫、聚划算、千县万村计划等多元场景，以及支付宝、余额宝、招财宝等多重金融服务平台，积聚起海量数据流和资金支付流，这是其最为核心的优势所在。与微众银行更多集聚社交数据相比，网商银行通过阿里巴巴集成的数据更多的是结构化程度高、易用于征信的交易和支付数据。

二是大数据与风控。据网商银行俞胜法行长介绍，目前网商银行300余人的员工队伍中，大概有80多人纯粹做数据分析挖掘、建模以及数据共享。从客户营销，到客户风险识别、贷款，到贷后监控以及催收，整个链条都由大数据驱动，没有人力。

具体而言，网商银行在开展小微企业融资领域的风控手段主要依据基于互联网和大数据的"水文"模型。在基于小微企业类目、级别等统计的阿里系商户的"水文数据"库，阿里系统在考虑为客户授信时，会结合"水文"模型，基于该商铺自身数据的变化，以及同类目下可比商铺数据的变化，综合评估客户未来商铺经营情况的变化，预测其融资需求，判断其还款能力。

在开展个人信贷方面，网商银行主要依据芝麻信用评分体系（见图1-8）。作为国内第一个个人信用评分产品，芝麻信用分从个人用户的履约能力、信用历史、身份特质、行为偏好、人脉关系五个维度对其信用水平进行综合评价。在淘宝、天猫上购物的消费者可以选择申请在信用额度以内的消费信贷,还款方式有两种:①三个月、六个月、九个月、十二个月的分期付款方式;②确认收货第二个月 10 号一次还款方式。还款当日阿里依次从支付宝、余额宝绑定的银行卡扣除用户款项。①

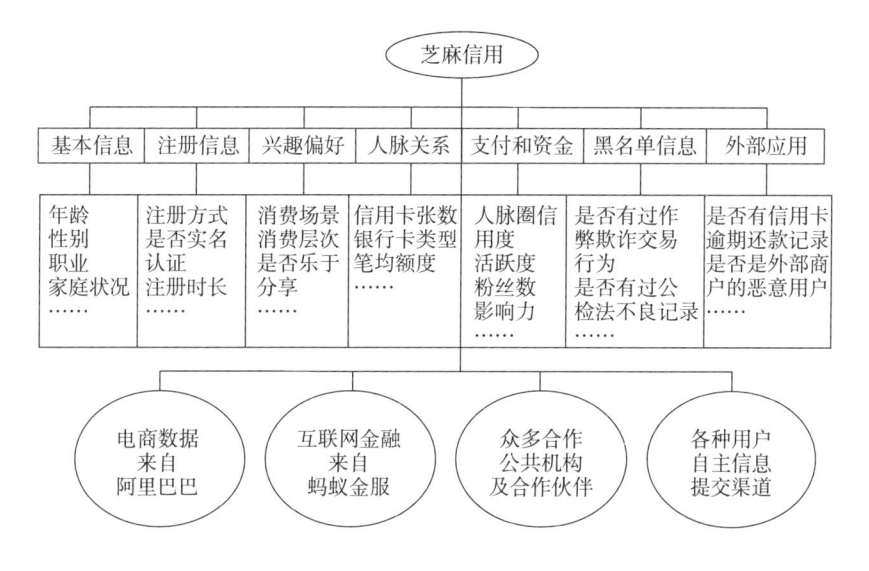

```
                          芝麻信用
    ┌──────┬──────┬──────┬──────┼──────┬──────┬──────┐
  基本信息 注册信息 兴趣偏好 人脉关系 支付和资金 黑名单信息 外部应用
  年龄    注册方式 消费场景 信用卡张数 人脉圈信 是否有过作 是否有信用卡
  性别    是否实名 消费层次 银行卡类型 用度    弊欺诈交易 逾期还款记录
  职业    认证    是否乐于 笔均额度  活跃度  行为     是否为外部商
  家庭状况 注册时长 分享    ……      粉丝数  是否有过公 户的恶意用户
  ……     ……     ……             影响力  检法不良记录 ……
                                 ……     ……
    ┌──────────┬──────────┬──────────┬──────────┐
  电商数据    互联网金融   众多合作    各种用户
  来自       来自       公共机构    自主信息
  阿里巴巴   蚂蚁金服    及合作伙伴  提交渠道
```

图 1-8　芝麻信用分的综合评分体系

(3) 提供的主要产品。

一是融资类产品。网商银行的融资产品体系由"网商贷"+"旺农贷"构成:前者包括"口碑贷""流量贷""双一大促贷"等子品牌场景贷,覆盖阿里体系内电商商户和外部 50 多家合作平台的企业主;后者针对三农,覆盖全国 25 个省市 234 个县市的 100 万农村小微用户,截至 2016 年 5 月累计发放贷款超过 1400 亿元。融资产品体系一年来授信户数达 170 万家小微企业,贷款资金余额达到 230 亿元。据统计,网商银行户均贷款金额不到 4 万元,且贷款频次远高于同业。由于现有债权小额、分散、时间较短等特点,加上正式运营刚刚一年,目前网商银行的不良贷款率仅为 0.36%,远低于其他商业银行

---

① 张凯、李天一、刘杨:《当前互联网银行发展的思路与建议》,《三峡大学学报》(人文社会科学版) 2016 年第 2 期。

平均水平。

二是类融资产品。在融资类产品之外，网商银行还推出了类融资性质的供应链赊销产品"信任付"，属于短期账期金融服务。这款产品推出的背景与阿里巴巴的主营业务高度相关，其旗下天猫、淘宝等平台内无数小微商户在经营中都面临着上下游企业赊购、赊销的现象。根据阿里旗下B2B平台1688的调查，超过30%的商户要在3个月左右的时间才能收到销售回款，还有10%左右商户的账期长达半年。对此，网商银行及时推出"信任付"产品以满足小微商户需求，其实质就是企业端的"花呗"：欠账企业使用"信任付"后可以享受最长90天的延期付款时间。根据网商银行提供的数据，"信任付"试运行一个多月以来，已经有5万家商户申请，证明其市场需求旺盛。

三是其他产品。网商银行还推出了"企业版支付宝"——"融易收"和"企业版余额宝"——"余利宝"等产品。"融易收"的实质是结算产品，即大额资金收款服务，解决的是交易双方的信任问题。"余利宝"则是为小微商户提供的灵活性强、T+0提取的余额理财产品，其功能就是让钱生钱，哪怕生的钱很少。

6. 不同模式的比较

首批试点民营银行的业务模式可以分成两大类：一类如网商银行、微众银行，属于典型的互联网银行，以互联网技术、信息通信技术作为账户开立、风险管理、业务流程构建等关键方面的主导因素，在线为客户提供存款、贷款、支付、结算、资产管理等多种金融服务；另一类如温州民商银行、上海华瑞银行和天津金城银行，虽然也依托互联网开展银行业务，但总体上属于市场比较熟悉的"传统银行"。在两家互联网银行之间，也存在一些细微差别，具体来看：

（1）金融服务的初步探索与有序延伸。

对比两家互联网银行控股股东的金融展业经历，腾讯集团申请银行牌照更多是在进行开展金融服务上的探索，而阿里巴巴及其蚂蚁金服申请银行牌照则是针对已开展多年的金融服务的延伸与整合。"存、贷、汇"三方面，腾讯先前在"存"（微信理财通）、汇（财付通）两方面有所涉及，并未涉足"贷"的领域，因此相对缺乏风控经验。

前海微众银行的创建整合了腾讯集团科技人员和传统银行经营管理者,高管层主要来自平安银行。与此对照,蚂蚁金服从2007年以来在"存""贷""汇"三大方面均已涉及,浙江网商银行业务的开展更加轻车熟路,其风控模型也比较成熟。

(2)平台模式 VS 平台+自营。

微众银行的定位为"平台中介",而网商银行的定位为"平台中介"加"自营业务"。按照微众银行的规划,其不准备做大自身资产负债表,并不提供传统商业银行的信用中介服务,而是作为金融信息服务平台存在,将QQ、微信上的优秀个体借款人推荐给商业银行,微众银行仅提供风控服务以及贷后管理服务并收取中间费用。微众银行试图打造平台中介估计有两个原因:一是资本金有限,信用中介意味着信贷规模扩张补充资金的压力过大,从用最少的资金办成尽可能大事情的角度看,做平台中介优于做信用中介;二是从上市融资角度分析,资本市场对平台中介的估值远高于信用中介,微众银行坚持平台中介定位有望最大化其估值水平。

浙江网商银行在坚持"平台中介"定位的同时从事自营业务。通过自营业务探索模式沉淀能力,为未来的平台化发展奠定基础。拥有银行牌照的网商银行还可以面向公众吸收存款,未来如果远程开户取得突破性进展,网商银行还可以通过产品创新为储户提供更好的存款服务。

(3)同是服务小微又各有侧重。

两家互联网银行都以小微客户为主要服务对象,但又依托自身比较优势,各自有所侧重。微众银行偏重个人消费信贷,网商银行偏重小微企业信贷。目前前海微众银行主要推出的是面对个人的"微粒贷"产品,但小微企业信贷产品尚未推出,从短期看,QQ、微信目前个人用户主导的局面也意味着前海微众银行仍将以个人消费信贷业务为主,而随着微店等移动端商铺的兴起,微众银行未来的小微企业客源潜力巨大,有可能顺利向小微企业授信领域扩展。网商银行的雏形阿里小贷以做小微融资起家,在小微企业风控方面相对较为成熟,短期看网商银行的放贷端业务将集中于小微企业。

二、试点中存在的问题

总的看来，民营银行试点取得了初步成效，开业一年多来实现了经营规模的快速增长，并在短期内基本实现盈亏平衡，业绩表现良好。但也应看到，首批试点民营银行仍处于初创阶段，经营基础尚不扎实，在客户拓展、产品创新、盈利模式塑造、精细化管理和企业文化建设等诸多方面还有较大提升空间。加之现阶段监管政策尤其是准入监管整体上仍限制过多，导致民营银行发展中还面临诸多挑战。

（一）准入环节依然存在诸多限制

1. 远程开户面临实质性限制

远程开户是微众银行、网商银行等不设线下网点的民营银行商业模式成功的前提。唯有如此，才能发挥互联网银行少网点、少人工的特点，在降低产品和服务成本的基础上实现融资利率降低和优化，并由此实现规模快速发展，顺利打开新市场。

根据中国人民银行 2015 年底发布的《关于改进个人银行账户服务加强账户管理的通知》，目前仍未放开远程开立全功能的 I 类账户，使两家互联网民营银行吸纳存款能力受到严重制约。截至 2015 年底，微众、网商银行存款余额不足两亿元，仅占负债总额的不足 1%。

2. 单一网点限制

《中国银监会市场准入实施细则》明确规定，民营银行应坚持"一行一店"模式，在总行所在城市仅可设 1 家营业部，不得跨区域设立分行。虽然对民营银行比照城商行实行监管，但《中国银监会市场准入实施细则》仅针对民营银行网点设置提出了明确的数量要求，上述单一网点限制实属歧视性待遇，非常不利于民营银行拓展业务、服务客户，也不利于吸引民间资本投资银行业。尤其是对华瑞银行、金城银行和民商银行三家非互联网模式运营的传统银行而言，现阶段要发展零售业务就必须依赖于传统的"网点+客户经理"的重资产模式。"一行一店"的规定基本上限制了这些银行零售业务的发展空间。

3. 资产负债结构有待优化

资产结构中除一般性贷款以外的非信贷资产占比偏高。以华瑞银行为例,截至2016年8月底,其各项贷款之外的非信贷资产占比达到61%,与同业平均水平相比明显偏高。由于民营银行设立初期信用尚待检验,加上限制远程开户和单一网点要求,导致现阶段民营银行负债只能依赖股东和同业,资金来源集中。截至2015年末,民营银行同业负债占负债总额接近2/3,一般性存款特别是零售存款占比偏低,给银行的日常流动性管理带来较大压力。

4. 业务资格受限

根据2007年《同业拆借管理办法》和2016年8月修订的《全国银行间同业拆借市场业务操作细则》的规定,民营银行成立两年之内无法进入同业拆借市场开展流动性管理;根据《全国银行间债券市场金融债发行管理办法》的规定,民营银行至少在成立三年内(恰是最急需的时段)难以通过发行金融债解决资金来源。此外,根据央行2016年6月发布的《市场利率定价自律机制成员名单》,由于不是全国性市场利率定价自律机制正式成员,现阶段民营银行也没有资格发行大额存单吸揽存款,目前也只有华瑞银行、微众银行和网商银行三家民营银行获得同业存单发行资格。

5. 收入来源单一

由于开业时间短以及业务资质方面的原因,目前民营银行总体上中间业务收入占比偏低,收入来源多元化有待提升。

(二) 内部治理仍需完善

一是部分银行股权不稳定。虽然承诺持股锁定5年,但仍有股东短期入股后即选择出售银行股权,有的股东在银行获批后立即转让股权,改变民营企业属性,有的股东面临司法纠纷,存在强制拍卖银行股权的隐患。[1] 温州民商银行成立一年多来,大股东正泰集团董事长

---

[1] 曾刚:《发展民营银行政策该往何处发力》,《上海证券报》2016年11月11日第012版。

南存辉兼任银行董事长,可能带来大股东和银行利益冲突等内部治理问题。① 同时民商银行9人董事会中仅有独立董事1人,难以充分履行《商业银行公司治理指引》赋予独立董事的各项职责。《商业银行公司治理指引》第22条规定,商业银行应单独或合并设立战略委员会、审计委员会、风险管理委员会、关联交易控制委员会、提名委员会、薪酬委员会等。第24条规定,各专业委员会负责人原则上不宜兼任。审计委员会、关联交易控制委员会、提名委员会、薪酬委员会原则上应当由独立董事担任负责人,其中审计委员会、关联交易控制委员会中独立董事应当占适当比例。仅有一名独立董事的民商银行客观上无法同时满足上述监管要求。二是高级管理层不稳定。个别银行高管变换频繁,说明民营银行的企业文化、经营理念仍需磨合。高管班子相对稳定,才能坚守战略定位,才能一张蓝图绘到底。办银行是打造"百年老店",要从容一些,保持战略定力。不是"看谁跑得快",而是"看谁跑得远",实现长期稳健发展。② 三是主要股东风险自担机制的范围和条件各不相同,在《存款保险条例》出台后效力需要澄清。有承担剩余风险的制度安排是允许民间资本发起设立民营银行的重要前提,其实质是对主要股东赋予的超越有限责任之上的限制加重义务。五家试点银行的主要股东分别在《发起人协议》和《公司章程》中明确了风险自担的内涵。如华瑞银行自担风险承诺包括持续补充资本、对银行进行流动性救助、配合实施恢复和处置计划、在存款保险制度出台前在出资额1倍范围内对50万元以下的小额储蓄存款进行赔付等。但该承诺附有条件,即存款保险出台后,按照届时有效的法律法规要求承担保证责任。金城银行的承诺更为严格,当金城银行以其自有资产承担责任后仍存在未清偿债务时,股东应当以其自有资产为天津金城银行对存款人及其他债权人的债务承担连带清偿责任,当股东的资产仍不足以追偿债务时,则由股东的控股股东或/及实际控制人(受益人)以其财产承担连带清偿责任。上述承诺明确界

---

① 直到2016年5月5日,温州民商银行新任董事长陈筱敏才正式上任。
② 曹宇:《在2016年城市商业银行年会上的总结讲话》。

定了股东两个层级无限连带责任的法律属性，但责任范围并不清晰。网商银行规定，在存款保险制度实施前，股东（或各股东的母公司或实际控制人）按照持股比例承担个人存款人的部分剩余风险，即对单户个人存款人在最高不超过20万元的限额内先行赔付。在存款保险制度实施后，当网商银行出现资不抵债、面临破产的情况时，按存款保险制度规定流程进行处置。从提升监管法规的稳定性和实现对不同银行监管公平性的角度出发，应当提升"风险自担"的立法层级，同时就其内涵与责任范围统一监管标准。

（三）监管探索有待加强

民营银行均为单体银行，目前无分支机构，其业务模式普遍有别于传统的商业银行。如果按照现有普通的商业银行监管标准实施监管，既有碍于银行的创新探索，也难以保证监管的有效性。应当根据民营银行的业务特征、差异化设定相关监管标准和要求，加大监管模式和方式的创新力度。

第三节 民间资本发起设立民营银行的意义与影响

深入推进准入制度改革，加快民营银行发展是金融领域全面深化改革的关键举措，有助于发挥市场在资源配置中的决定性作用，构建更具竞争性和包容性的金融机构和金融市场体系，一定程度上缓解了小微企业融资难、融资贵的问题。

一、有利于从供给侧改革的角度入手，缓解融资难、融资贵问题

金融改革始终应强调为实体经济服务。当前我国小微企业融资难、融资贵现象仍然存在。截至2016年9月底，我国广义货币供应

量 M2 存量达到 151.64 万亿元，贷款余额超过 85 万亿元，在全社会流动性整体充裕背景下，小微企业感到融资难、融资成本高的成因是多方面的。从供给层面看，关键原因还是金融服务供给不足。尽管目前金融市场各类金融机构数量很多，我国已有银行业金融机构法人4200 余家，但由于准入限制等原因，国有和国有控股银行机构一直处于相对垄断地位，中小银行特别是民营银行发展仍相对不足，尤其是在县域，面向小微和"三农"的金融服务供给仍明显偏少，双向选择的竞争性关系还没有完全形成，使得资金价格（利率）往往由供给方控制，或者说定价权更多由供给方主导。

本届政府推进金融改革的政策思路逐步从以往的需求管理，转向以强化市场、放松管制为主的"开渠引水"式供给侧结构性改革。客观上要改变宏观流动性充裕和微观实体融资难并存的局面，除了需求方面的调节外，也要更多地从"供给端"做文章，用供给侧改革的思路来解决融资难融资贵表象下的体制、机制问题。因此，有必要从准入层面入手，不设限额地设立一批民营银行，来大幅增加基层金融服务供给，构建多层次、竞争性的信贷市场，为小微企业创造更便利、更适宜的融资环境。

二、加快发展民营银行是完善金融体系、推进整体金融改革的内在要求

我国经济体制改革的核心问题，是处理好政府和市场的关系。围绕使市场在资源配置中起决定性作用，全面深化金融改革的关键，是努力创造一个准入有序、公平竞争、定价有效、退出机制健全的市场环境，以此促进我国金融业持续健康稳定发展。将"市场在资源配置中起决定性作用"的原则落实到金融领域，首先就是准入开放。明确银行业属于竞争性的金融服务业，不再将其视为民间资本禁入的特殊领域，[①] 有助于为各类市场主体提供公平竞争的市场环境，进一步激发市场活力。同时将民间资本这潭"活水"注入银行体系，有助于发

---

① 我国《私营企业暂行条例》第十二条规定，私营企业不得从事军工、金融业的生产经营。

挥民营银行的"鲶鱼效应",提高金融体系的竞争性和包容性。

三、推动民间资本发起设立民营银行有助于拓宽民间资本投资渠道,实现资本的优化配置

发展民营银行将极大拓宽民营资本投资渠道,增强经济增长活力。经济自主自发的增长,还要靠民间资本的内生动力。从当前情况看,我国投资结构还存在一些不合理的地方,政府投资和准政府性投资占比较大,而民间资本充足,但投资渠道相对较窄,民间投资潜力远未充分发挥。特别是进入 2016 年以来,民间投资增速显著下降甚至在 6 月份呈现负增长。同时,大量游离于正规金融体系外的民间资金很容易成为潜在经济社会问题的导火索,成为系统性、区域性金融风险的隐患。在稳增长、调结构的背景下,需要进一步启动民间投资,激发民营资本贡献力。设立民营银行可为民间资本进入金融领域增加一条直接通道,将引导民间资金转化为投资,实现民间资本的优化配置。

第二章
民营银行发展研究

第二章 民营银行发展研究

本章研究民营银行发展问题。在与传统银行比较视角的SWOT分析基础上，进一步分析民营银行发展所需的内部条件和外部环境。

第一节 民营银行SWOT分析——基于与传统银行比较的视角

民营银行作为100%纯民营资本发起和纯民营管理的银行，它与传统银行最本质的区别在于产权属性。传统银行虽然在不同程度上有民营资本参股，但民营资本在银行的发言权有限，基本还是国家控股和掌握经营管理决策权，并负责推荐董事和高级管理人员。根据银监会统计，随着监管部门放开民间资本进入银行业进程的推进，在股份制银行和城市商业银行总股本中，民间资本占比分别由2002年的11%和19%，提高到2013年的45%和56%，有100多家中小银行的民间资本占比超过50%，部分中小银行的民间资本为100%。全国农村中小金融机构民间资本占比已经超过90%，村镇银行民间资本占比已达到73%。国有银行股份制改造上市后，也有民营机构和公众持股。因此，至少在城市商业银行和大多数中小银行中，民间资本已占绝对控股地位。但按照公司治理结构的观点来看，我国目前大多数民营资本所占比例较高的银行中，银行的经营管理仍然在很大程度上受到政府部门的干涉和控制，而不是充分按照市场规律来运行，这也正是我国要发起设立民营银行的重要背景。民营银行SWOT分析如图2-1所示。

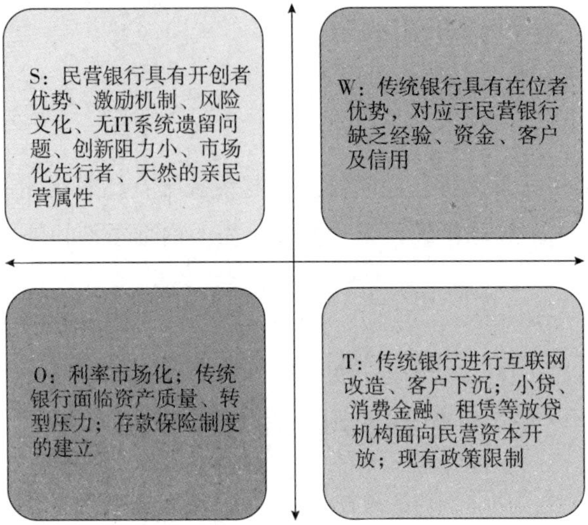

```
┌─────────────────────┐         ┌─────────────────────┐
│ S：民营银行具有开创者  │         │ W：传统银行具有在位者│
│ 优势、激励机制、风险   │         │ 优势，对应于民营银行 │
│ 文化、无IT系统遗留问  │         │ 缺乏经验、资金、客户 │
│ 题、创新阻力小、市场   │         │ 及信用               │
│ 化先行者、天然的亲民   │         │                     │
│ 营属性                │         │                     │
└─────────────────────┘         └─────────────────────┘

┌─────────────────────┐         ┌─────────────────────┐
│ O：利率市场化；传统   │         │ T：传统银行进行互联网│
│ 银行面临资产质量、转   │         │ 改造、客户下沉；小贷、│
│ 型压力；存款保险制度   │         │ 消费金融、租赁等放贷 │
│ 的建立                │         │ 机构面向民营资本开   │
│                      │         │ 放；现有政策限制     │
└─────────────────────┘         └─────────────────────┘
```

图 2-1　民营银行 SWOT 分析

一、优势

相对于传统银行，民营银行最核心的优势在于一个"新"字，作为开创者而非转型者，其核心优势来自基因的创造而非再造。

一是市场化运营的文化理念。文化理念看似难以把握，但在企业运营中影响于无形，大至风险文化、商业模式，小至每一个流程、决策甚至操作细节。传统银行业的文化过于关注风险及流程，若将此种文化强加在民营银行之上，则会阻碍其获得灵活的市场应变能力，甚至导致人才流失，而民营银行则可根据市场情况创造其认为可行的风控模式，比如网商银行基于大数据对网商小微企业的支持，传统银行可能还较难接受这种非高净值客户的无抵押贷款。

二是行业中市场化的开创者角色。开创者优势体现为可以扮演许多突破固有模式的先行者角色，因为体量小，创新的成本和阻力则相对较小，可以大胆去尝试更高的存贷款利率、更创新的交易结构、更下沉的客户层次、更有效的激励机制等；当然也包括正处于互联网、大数据的浪潮之中，民营银行作为新生的银行无 IT 系统遗留问题和改造成本，可以根据当前和未来需要来设计 IT 系统及数据体系。

三是天然的亲民属性。中小微企业多为民营企业，贷款需求有计划性差、贷款数额少、次数频繁、管理成本高的特点。民营银行的资本来自于当地民间企业，在当地市场具有先天的信息优势，比较容易克服信息不对称和因信息不充分而导致的高交易成本这一金融服务的关键障碍。大型银行在对中小微企业进行信贷服务时，具有很高的信息搜集成本和更新成本，导致大型银行缺乏对中小微企业服务的动力。另外，由于民营银行的市场定位主要是服务中小微企业，民营银行在激烈的市场竞争环境中，也会倾向于与传统银行错位竞争，将会把大量的精力与时间投入到对目标企业的信息搜集中，在此过程中通过不断的创新和经验积累，逐步降低信息获取成本，减少信息不对称问题的影响。

四是审批流程短，决策效率高。民营银行受监管政策的限制，目前只能设立一个物理网点，没有其他分支机构，与传统银行的分级机构设置相比，需要总行审批的项目流程大大缩短，客观上有利于提高决策效率。

五是有效的激励机制。民营银行的企业性质决定其在员工的激励考核机制上优于传统银行。以天津金城银行为例，为吸引优秀人才，该行准备推出股权激励计划。员工可以根据自己对银行贡献的大小在未来十年内分配总股本的 20%，同时根据 KPI、人均利润率等关键经营指标的实现情况匹配优厚的薪金报酬。在上述激励机制下，金城银行员工队伍总体呈现年轻化、学历高、来源广、从业经验丰富等特点。

二、劣势

作为一个有高进入壁垒的行业，传统银行的"在位者优势"让新银行很难赶超。具体来说，新设立的民营银行在竞争中所欠缺的可概括为经验、资金、顾客基础及信任。虽然传统银行业有着种种遗留问题不利于参与新时期竞争，但老牌产业的实力也依旧不容小觑。

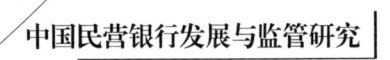

一是传统银行经历过经济周期的起伏，使得其在应对经济周期的风险管理方面积累了大量的经验，并且传统银行的客户无论从量级还是信任度来看，都绝非新设民营银行短期内可比拟或撼动的。

二是传统银行拥有强大的资金基础，即使民营银行发展迅速，传统银行业仍将在未来的竞争中继续保持强势地位。对新设民营银行尤其是以传统模式运营的三家线下民营银行而言，资金规模小、经验不足必然导致客户基础薄弱和信任度低，难以获得居民存款等低成本资金，来自同业拆借和发行同业存单获得的高成本的资金来源则将削弱民营银行的竞争优势。

三是当前对民营银行的政策限制重重。监管机构对民营银行的政策尚处于探索期，总体仍偏审慎，在业务范围、网点开设、互联网银行的账户开立等方面都有较多限制，这使得传统银行在竞争中处于更为有利的地位，尤其是首批试点民营银行里有三家（非互联网银行）与已有的银行并无二致，面临的挑战更大，如何在国有大型银行、股份制银行、城市与农村商业银行以及小贷公司等放贷组织拼成的宏大版图中找到自己的定位，除了管理层的锐意进取，提供更人性化的金融服务外，在细分领域更专业可能是更为关键的因素。

三、机遇

（一）利率市场化改革的加速推进有利于民营银行抢占市场

在政策层面，以2015年10月24日央行取消存款利率浮动上限为标志，我国的利率市场化改革取得重大进展。追溯历史，20世纪80年代后期美国利率市场化之后出现了许多社区银行，通过相对较高的存贷款利率吸引客户，深耕于社区银行，著名的ING等银行就是在那个时期发展壮大起来的。传统银行在利率市场化刚开始时对于客户的存贷款利率调整不会那么迅速，而是采取随行就市的观望态度，而此时对于民营银行通过利率战略吸引客户是一个很好的时间窗口,有可能形成先发优势抢占市场。

(二) 传统银行面临的转型压力有利于民营银行的发展

在"三期叠加"的背景下,传统银行业面临艰巨的转型压力。众所周知,传统银行业正在经历高速增长后的盈利能力下行阶段,尤其是受利率市场化及金融脱媒的影响,截至2016年底,商业银行平均资产利润率为0.99%,同比下降0.11个百分点,平均资本利润率为13.2%,同比下降1.78个百分点,不良贷款率攀升到1.81%,资产质量承压。故传统银行面临传统业务模式转型和资产质量承压的双重压力,一定程度上这也正是民营银行打开局面的机遇,民营银行尤其要吸取传统银行经营的经验教训,在无不良包袱的情况下,走出一条新型的银行发展道路。

(三) 存款保险制度的推出为民营银行创造了公平竞争的环境

2015年3月31日,国务院颁布《存款保险条例》,并于2015年5月1日起施行。存款保险实行限额偿付,最高偿付限额为50万元人民币。首批试点民营银行已全部纳入存款保险保障范畴内。当然,居民在选取存款机构时还是会综合考虑其风险管理水平、规模大小及资产质量等,但存款保险制度的建立有利于民营银行与其他银行进行公平竞争,而最高偿付限额一定程度上也有利于推动居民进行多家银行分布资金存放,有利于民营银行吸引居民存款资金。

四、挑战

虽然传统银行目前也在进行互联网改造,发展线上业务,同时进行客户下沉来保持资产规模的增长,但这并非民营银行经营的主要挑战。因为积极发展互联网业务的主要还是大型国有或者全国性股份制银行,这个层次的银行业机构本来就不是民营银行竞争的主要对象,并且传统银行在互联网金融业务方面也不见得就有固有优势,而指望大型银行真正进行多大程度的客户下沉这不符合其风控文化和现实要求。

民营银行真正的潜在竞争威胁在于银监会对于消费金融、金融租赁等持牌机构也在放开民间资本准入,同时也在城商行中积极发展投贷联动等创新型业务,再就是各省金融办积极引导当地小贷公司发展来为"三农"、小微提供信贷支持,这些具有相似客户群体的金融机构将是民营银行发展初期的主要竞争对手。

第二节 民营银行健康发展的内部条件

内因是事物变化的基础,外因通过内因而起作用。民营银行要夯实健康发展的基础,必须构建良好的公司治理架构,打造有效的风险管理架构,同时立足自身特点,选准发展的战略路径。

一、公司治理

从公司治理角度分析,发起设立民营银行试点的目的就是要试行国家信用退出、股东自担风险的新机制。《促进民营银行发展指导意见》围绕公司治理架构、董事会履职能力和股东责任三个方面提出了完善民营银行公司治理的具体要求:一是建立符合发展战略和风险管理需要的公司治理架构,建立健全股东大会、董事会、监事会制度,明晰职责和议事规则。二是提高董事会履职能力,勤勉尽责、诚实守信,并承担银行经营和管理的最终责任。三是明晰股东责任,大股东应明确治理责任,提高治理效率;明确发展责任,支持银行持续补充资本,提高抗风险能力;明确合规责任,不借助大股东地位干预民营银行正常经营,不施加不当的经营指标压力。《关于民营银行监管的指导意见》在重申民营银行公司治理整体要求的基础上,就股权管理和股东监管提出了进一步的具体要求。

究其实质,民营银行要建立"四民四同"("民有、民治、民责、民益""同股同权、同股同利")的公司治理机制,就必须真正落实让民营出资者进行经营管理的决策机制和让资本所有者承担风险损失的市场约束机制。为达此目的,股权结构、治理结构和股东利益协调机制的设计就尤为重要,既不能缺乏制衡机制形成事实上的"一股独大"、一家包办,也不可以过度分散、缺乏主体,形成经理层"内部人控制"。[①]

(一)股权结构设计

民营银行股权结构设计应当体现股权制衡原则。股权制衡是指控制权由几个大股东分享,通过集中与分散的合理安排和内部相互牵制,使得任何一个股东都无法单独控制民营银行的决策,达到股东间相互监督的股权安排模式,既能保留股权相对集中、决策相对高效的优势,又能有效抑制大股东对公司利益的侵害、对中小股东权利的剥夺。首批试点民营银行的股权结构及其对比评述如表2-1所示。

表2-1 首批试点民营银行的股权结构及其对比评述

民营银行	注册资本(亿元)	股权结构	制衡机制	点评
温州民商银行	20	正泰集团29%,华峰氨纶20%,其余11家股东均在10%以下	(1)两个主发起人持股比例累计49%,小股东联合起来足以制衡 (2)第二大股东再联合9.01%股权即可制衡第一大股东 (3)第一大股东再联合4.34%的股权,第二大股东再联合13.34%的股权才能达到1/3以上否决特定事项	既避免形成50∶50对峙的可能性,又杜绝了两个大股东串通包办的可能性,属于最佳比例

---

① 娄雪慈、唐鹏军、吴泽权:《民营银行如何设计股权结构和治理结构》,《清华金融评论》2015年第5期。

续表

民营银行	注册资本（亿元）	股权结构	制衡机制	点评
天津金城银行	30	华北集团20%，麦购集团18%，其余14家股东均在10%以下	（1）两个主发起人持股比例累计38%，小股东联合起来足以制衡（2）第二大股东再联合2.01%的股权即可制衡第一大股东	两家主发起人持股比例相差太小，第一大股东未形成25%以上相对控股，存在被第二、第三大股东联合控制的可能，16家股东股权过于分散，也存在50：50对峙或内部人控制的可能
深圳前海微众银行	30	腾讯30%，百业源20%，立业集团20%，其余7家股东均在10%以下	（1）三个主发起人持股比例累计70%，超过2/3以上多数，小股东联合起来也无法制衡（2）第一大股东只要与第二或第三大股东联合就累计50%的股权，但仍未过半数（3）第二、第三大股东联合起来有40%的股权，可制衡第一大股东（4）第一大股东再联合3.34%的股权，第二和第三大股东再联合13.34%的股权才能达到1/3以上否决特定事项	存在50：50对峙的可能性，股权过于集中，也存在两三家股东串通包办、排挤其他股东的可能性

续表

民营银行	注册资本（亿元）	股权结构	制衡机制	点评
上海华瑞银行	30	均瑶集团30%，美特斯邦威15%，其余10家股东均在10%以下	（1）两个主发起人持股比例累计45%，小股东联合起来足以制衡（2）第二大股东再联合15.01%的股权才能制衡第一大股东；第二大股东需再联合18.34%的股权才能达到1/3以上否决特定事项	第一、第二大股东持股比例相差过大，小股东股权分散，大股东"一股独大"，存在大股东完全控制的可能性
浙江网商银行	40	蚂蚁金服30%，复星25%，万向三农18%，金润资产16%，其余股东均在10%以下	（1）四个主发起人持股比例累计89%，已超过2/3多数；前两大股东持股比例达55%，已过半数；小股东联合起来也无法制衡（2）第二、第三、第四大股东任意两家联合均累计超过34%的股权，足以制衡第一大股东，但达不到半数（3）第一大股东需再联合3.34%的股权才能达到1/3以上否决特定事项	存在50：50对峙的可能性，股权过于集中，也存在两三家股东串通包办、排挤其他股东的可能性

资料来源：娄雪慈、唐鹏军、吴泽权：《民营银行如何设计股权结构和治理结构》，《清华金融评论》2015年第5期；作者整理。

为实现良好的股权结构，建议参考以下原则设计民营银行持股比例：

一是单一大股东相对控股原则。主发起人中，应有一家持股比例超过25%达到相对控股，根据现行监管政策民营银行最大主发起人持股比例上限可达30%。

二是主发起人不低于半数原则。鉴于主发起人要承诺承担剩余风险，为体现权责一致对等原则，建议两家或两家以上主发起人持股比例之和不低于50%。

三是股权差异化原则。主发起人之间持股比例不宜相等,尤其是第一大股东和第二大股东之间,要适当拉开差距。从经验看,差距在5%~10%比较理想。股权差异化的具体设计可以考虑如下因素:首先,股权比例大小应与企业规模、风险承受能力、持续增资能力相匹配,这样安排有利于自担剩余风险。其次,股权大小应与公司治理规范性、财务透明度相适应。主发起人如果治理结构规范、财务透明度高,有利于监管部门对股东的日常监管和延伸监管。最后,股权大小应与公司及实际控制人的社会声誉、知名度相契合。实际控制人应当社会声誉好、知名度高,如此有利于提升社会公众对民营银行的信心。同时,为使股东资源和优势多样化,建议股东最好不要来自同一行业。

四是股东数量有限原则。从实践情况看,主发起人为2~3家,主要股东(持股比例不低于5%的股东)3~6家,股东总数10~20家为宜。

(二) 公司治理结构安排

公司治理结构的重点体现在"三会一层"中董监事席位安排和提名权归属。首批五家试点银行的董监事席位安排如表2-2所示。

表2-2 首批试点民营银行董监事会构成情况对比

		微众银行	华瑞银行	民商银行	金城银行	网商银行
董事会	股东董事	4	6	7	12	4
	执行董事	2	3	1	2	2
	独立董事	3	3	1	3	3
	合计	9	12	9	17	9
监事会	股东监事	1	2	1	1	1
	职工监事	1	2	1	1	1
	外部监事	1	3	1	1	1
	合计	3	7	3	3	3

资料来源:作者整理。

民营银行董监事会实际运作效果有待未来的实践检验。根据《公司法》《商业银行公司治理指引》等法律和规章，要形成公平、公正、合理的董监事会结构，建议参考以下原则：

一是奇数席位原则。董监事会席位应设计为奇数，以免表决时出现僵局。如果董事会席位为偶数，建议银行章程规定，如果投票结果恰为赞成与反对各半，出现僵局，董事长可以投下决定性的一票。二是三个"1/3"原则。建议独立董事人数不低于董事会成员总数的1/3，外部监事人数不低于监事会成员总数的1/3，同一股东及其关联人提名的董事原则上不超过董事会成员总数的1/3。三是董事监事席位互斥原则。根据《商业银行公司治理指引》规定，"商业银行应当在章程中规定，同一股东及其关联人不得同时提名董事和监事人选"。四是保护中小股东权益原则。根据《商业银行公司治理指引》规定，银行董事会下设的提名委员会具有董事提名权，中小股东也可以行使累计投票权，单独或者合计持有3%以上（含3%）表决权的股东可提名董事（监事），单独或者合计持有1%以上（含1%）表决权的股东可提名独立董事（外部监事），主要股东不得剥夺其他股东的提名权。五是三长分设原则。董事长、行长、监事长三长应当分设，一人不得身兼两职或多职，以避免出现职责冲突情形。六是银行三长与发起人股东三长不得相互兼任。温州民商银行成立后一年多的时间里，大股东正泰集团董事长南存辉兼任银行董事长，直至2016年5月5日民商银行新任董事长陈筱敏才正式上任。上述任职安排可能导致大股东和银行利益冲突等内部治理问题。

（三）股东利益协调机制

为避免民营银行受到控股股东的影响开展内部不当关联交易，银监会要求首批试点民营银行实行双主发起人制，且严格限制单一股东持股比例上限为30%。这一制度设计初衷良好，但衍生出一个问题，即股东贡献视角的权责对等问题。例如，对于网商银行和微众银行而言，阿里和腾讯两家企业贡献的资源几乎超过90%，但受监管规定限制只能持股30%，权力和责任明显不对等。在试点探索过程中，阿里

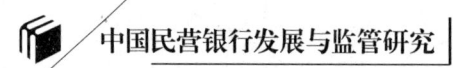

和腾讯集团金融产业链布局尚肯发力，但随着模式成熟固化，其余股东如果一直坐享其成"搭便车"，则领头企业难免失去持续调配最优质资源推动旗下民营银行发展的动力。

因此，股东利益协调机制如果不完善，大股东之间的合作就可能出现裂痕，强势企业主体的积极性难以得到保障，而弱势主体又难免担心话语权不足。因此，如何构建科学、合理的股东利益保障机制是未来民营银行公司治理机制构建中无法回避的重要话题。

二、风险管理

有效的风险管理是民营银行健康发展的生命线。

（一）相关监管要求

《关于促进民营银行发展的指导意见》要求民营银行建立多层次风险防范体系，切实防范风险。具体提出两项要求：一是加强风险管理，科学设定风险偏好，完善风险管理政策和程序，提高全面风险管理水平；二是针对关联交易这一民营银行潜在高发的具体风险，提出通过加强关联交易管理，严格控制关联授信限额，来防范不当关联交易风险。《关于民营银行监管的指导意见》重申了上述要求。在此基础上，要有效提升风险管理水平，民营银行应结合自身实际，积极贯彻落实银监会 2016 年 10 月下发的《银行业金融机构全面风险管理指引》（以下简称《指引》）。

1. 基本原则

《指引》对全面风险管理提出四点管理原则：一是匹配性原则。对民营银行而言，全面风险管理体系应当与自身的风险状况和系统重要性等相适应，并根据环境变化进行调整。二是全覆盖原则。全面风险管理应当覆盖银行各个业务条线，包括本外币、表内外、境内外业务；覆盖所有分支机构、附属机构、部门、岗位和人员；覆盖所有风险种类和不同风险之间的相互影响；贯穿决策、执行和监督全部管理环节。三是独立性原则。民营银行应当建立独立的全面风险管理组织架构，赋予风险管理条线足够的授权、人力资源及其他资源配置，建立科学合理的报告渠道，与业务条线之间形成相互制衡的运行机制。四是有效性原则。民营银行应当将全面风险管理的结果应用于经营管理，根据风险状况、市场和宏观经济情况评估资本和流动性的充足性，有效抵御所承担的总体风险和各类风险。

2. 落实主体责任

根据风险管理"三道防线"的理念，按照《指引》第 10 条的规定，民营银行应当建立健全组织架构、职责边界清晰的风险治理架构，明确董事会、监事会、高级管理层、业务部门、风险管理部门和内审部门在风险管理中的职责分工，建立多层次、相互衔接、有效制衡的运行机制。具体而言，在"三会一层"层面，民营银行董事会承担全面风险管理的最终责任，包括建立风险文化、制定风险管理策略、设定风险偏好和确保风险限额的设立、审批重大风险管理政策和程序、监督高级管理层开展全面风险管理、审议全面风险管理报告、审批全面风险和各类重要风险的信息披露、聘任风险总监（首席风险官）或其他高级管理人员，牵头负责全面风险管理以及其他与风险管理有关的职责。民营银行监事会承担全面风险管理的监督责任，负责监督检查董事会和高级管理层在风险管理方面的履职尽责情况并督促整改。高级管理层承担全面风险管理的实施责任，执行董事会的决议。在部门执行层面，民营银行应当设立或指定部门负责全面风险管理，牵头履行全面风险的日常管理。将零售、对公、同业等各业务经营条线作为第一道防线，承担风险管理的直接责任；风险管理条线作为第二道防线，承担制定政策和流程，监测和管理风险的责任；内审部门作为第三道防线，承担业务部门和风险管理部门履职情况的审计责任。

（二）风险管理实践——以网商银行为例

网商银行基于网络平台运营，在风险形态及风险管控方面既具有传统商业银行的共性，又呈现出一定的独特性。网络化经营、流程化操作、IT 化管控，以及大量数据、信息和计量模型的运用，可有效降低信用风险、操作风险,但同时也在一定程度上增大了流动性风险、声誉风险等风险管理的难度。因此,如何基于自身的风险特征,建立更具针对性的风险内控体系是网商银行面临的重要问题。

1. 信用风险

网商银行面临的信用风险来自贷款客户、交易对手的违约,与传统银行没有区别。但由于网商银行主要采取网络经营模式,较少通过物理接触(包括物理网点经营、现场调查评估等),因此在信用风险管理中尤其需重点关注和解决银行与客户之间信息不对称的问题。

基于这个特征,网商银行采取了针对性的解决方案,主要包括:一是依托网络平台进行客户资信调查和广泛的信息采集;二是基于大量的客户交易数据和行为数据进行信用风险评估;三是借助信息交叉校验等技术进行甄别审核;四是建立基于 IT 平台和数据仓库的贷款风险预警监测系统,对风险变化进行动态实时监测。

2. 市场风险

网商银行面临的市场风险主要来自利率、汇率等变化,总体风险形态与传统商业银行差别不大。但需重点关注利率风险中的期权性风险。网商银行为客户提供灵活、便捷的在线服务,由此也带来一个新的问题,即在利率发生变化时,出现客户提前还款的现象将比传统银行要多,期权性风险将更为突出。对此,需要通过风险模型预测、合同条款安排、贷款定价等措施予以应对,在方便客户的同时有效管理期权性风险。

3. 操作风险

银行操作风险来源于内部操作过程、人员、系统或外部事件。网商银行在操作风险方面较之传统银行主要有以下差别:

(1) IT 风险是操作风险管理的重点内容。网商银行主要依赖网络和 IT 平台进行业务运营,因此在 IT 风险管理方面比传统银行的要求更为严格。近年来,网商银行的主要股东之———浙江蚂蚁小微金融服务集团有限公司在网络贷款业务、信息技术安全、灾备和应急管理等方面积累了丰富经验,从网商银行筹建伊始就立足于以高起点、高标准定位,打造先进、安全的 IT 平台,以有效防控可能出现的各类IT风险。

(2) 人员操作风险、欺诈等道德风险相对较低。网商银行依托IT系统实现业务的流程化、电子化管理，大大减少人工干预环节；同时，基于系统实现强制性的不相容职责岗位分离，并对业务全流程操作进行持续监控（包括影像记录）等。借助流程化的内部控制机制，网商银行的人员操作风险和道德风险会明显低于传统商业银行（人员操作风险、欺诈等道德风险是目前国内银行业操作风险领域的主要风险类型）。

4. 声誉风险

网商银行基于网络平台开展经营，不像传统银行有众多的物理网点，与老百姓有直接的接触。因此有可能出现因社会上各种不利传言，特别是网络上的谣言、恶意诽谤等事件带来声誉风险，并由此引发客户挤兑、银行网络服务中断等（国外银行出现过类似事件）。鉴于此，网商银行按照监管部门关于商业银行声誉风险管理的要求强化管理，加强舆情跟踪分析，并针对"网络虚拟社会"的特点建立声誉风险管理机制，确保有效防范和应对声誉风险。

5. 流动性风险

相对于传统商业银行，网商银行的存款等稳定资金来源相对有限，加之采取24小时不间断的网上营业模式，因此在流动性风险管理方面的难度较之传统商业银行更大。对此，必须采取稳健、审慎的流动性管理策略，做好资产负债的合理匹配；建立以流动性覆盖率、净稳定资金比率等为核心的风险监管指标监测体系；定期开展流动性风险压力测试，增强对极端情形下流动性风险的抵御能力；建立与声誉风险管理联防联动的有效机制。网商银行股东承诺，在遇到挤兑等流动性问题时，为网商银行提供流动性支持。

三、发展战略

就数量而言，我国并不缺少银行，缺少的是有特色的银行。首批试点的五家民营银行可分为两个大类：一类是纯线上的互联网银行，另一类是在特定区域开展业务的类传统民营银行。民营银行要想在众多银行中发展壮大，就必须走差异化、特色化经营的道路。具体可考虑以下战略方向和业务领域：

（一）战略方向

1. 植根传统银行转型方向

一是可以考虑轻型化战略，从传统的"发放贷款—持有资产到期"模式转向"发放贷款—分销"模式，以此解决存款匮乏导致的资金来源问题。二是综合化战略，在利率市场化加速完成的背景下，力求通过灵活多样的交易结构重点增加非利息收入，以此解决对利差盈利模式的依赖。三是市场化战略，通过市场化的薪酬激励机制激发市场化的经营能力和管理能力。四是数字化战略，通过大数据、云计算等构建新型业务能力。

2. 基于传统银行服务痛点寻求差异化竞争的突破口

从逻辑上分析，传统银行的不足便是民营银行发展的突破口。从波士顿咨询对年轻客户群体的采访来看，他们对于传统银行的印象除了信用程度高、功能性强之外，仍有效率低、无创新、客户关心度不够等负面印象，因此民营银行不能像传统银行那样定位于广泛的客户群体，可以选择定位于年轻人客户群体，随着其年龄的增长、财富的增加而逐步建立客户黏性。

在传统银行业务领域，通过客户下沉来与传统银行进行错位竞争；而在新兴业务领域，如互联网金融服务、金融场景服务等，则是通过优越的客户体验和技术优势，培养属于自身的客户群体。通过由单一规模导向转向"规模与客户体验"双导向让银行服务更具人性化，在重塑客户体验的过程中逐步提高市场占有率。

3. 互联网型民营银行：借鉴直销银行，由单一产品线向多产品线拓展

经济学人智库调查表明，未来五年银行所有的产品线都将受到数字化的冲击，互联网金融将占据很大市场份额，但传统银行业依旧会是市场的主宰。互联网银行的发展也应该走一条由单一产品路线向多

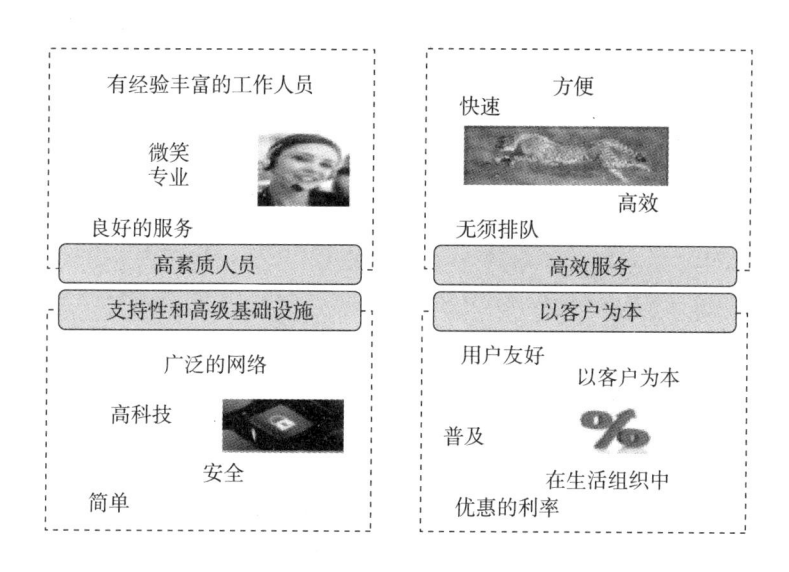

```
┌─────────────────────────┐  ┌─────────────────────────┐
│  有经验丰富的工作人员      │  │        方便            │
│                         │  │   快速                  │
│     微笑                │  │                        │
│     专业                │  │                高效     │
│  良好的服务              │  │   无须排队              │
│  ┌──────────┐           │  │  ┌──────────┐          │
│  │ 高素质人员 │           │  │  │ 高效服务  │          │
│  └──────────┘           │  │  └──────────┘          │
│  ┌────────────────┐     │  │  ┌──────────┐          │
│  │支持性和高级基础设施│   │  │  │以客户为本 │          │
│  └────────────────┘     │  │  └──────────┘          │
│     广泛的网络           │  │   用户友好   以客户为本  │
│  高科技                 │  │                        │
│                         │  │   普及                 │
│              安全        │  │          在生活组织中   │
│   简单                  │  │   优惠的利率            │
└─────────────────────────┘  └─────────────────────────┘
```

图 2-2 理想中的银行

资料来源：波士顿咨询，华泰证券研究所。

元化产品发展的道路。从策略上讲，一开始产品不要上得过快，而应将容易获得突破的小微企业贷款、个人消费贷等产品做出专业和特色，再逐渐将产品线铺开。由于受限于远程开户无法开展存款功能，需要通过大数据锻造资产端定价能力，同时在资金来源方面，立足平台模式，发挥客户资源优势，与传统银行加强合作来提高资金实力。

4. 区域性传统型民营银行：借鉴社区银行同时打造存款端核心优势

区域性传统型民营银行可以依托股东在产业方面的信息优势，借鉴社区银行的发展模式，深耕区域内金融信贷需求。个人客户方面加大挖掘对传统银行忠诚度较低的"90后"等年轻一代，对公客户则充分进行挖掘区域及股东产业链上下游的小微企业，通过对每个客户深层次的金融需求进行挖掘和服务，培养自身的客户群体。同时，注重培养存款端优势，银行本质特征之一即是能够吸收公众存款，通过将资产端客户不断固化到负债端，将存款端优势的打造作为核心竞争力来培养，奠定未来做强做大的根基，稳定的资金来源既是业务的保证也是信用积累和客户资源的反映。

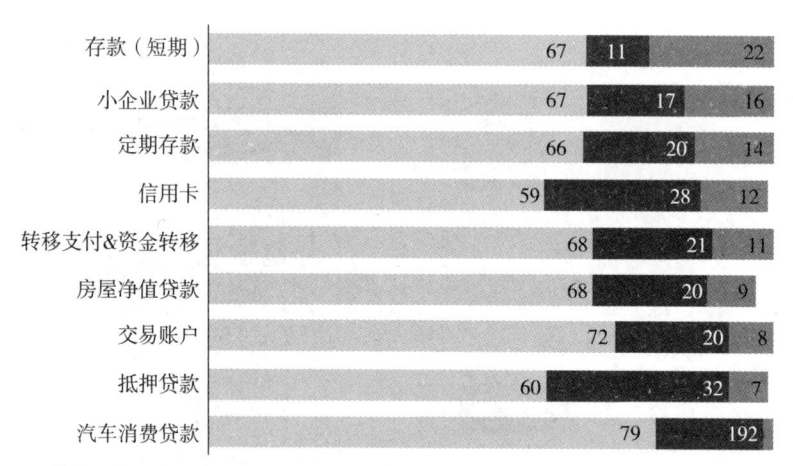

产品类别	传统银行业将继续主宰/主要参与者	平分市场	互联网金融业将主宰/主要参与者
存款（短期）	67	11	22
小企业贷款	67	17	16
定期存款	66	20	14
信用卡	59	28	12
转移支付&资金转移	68	21	11
房屋净值贷款	68	20	9
交易账户	72	20	8
抵押贷款	60	32	7
汽车消费贷款	79	19	2

图 2-3　互联网银行渐进式发展传统银行产品

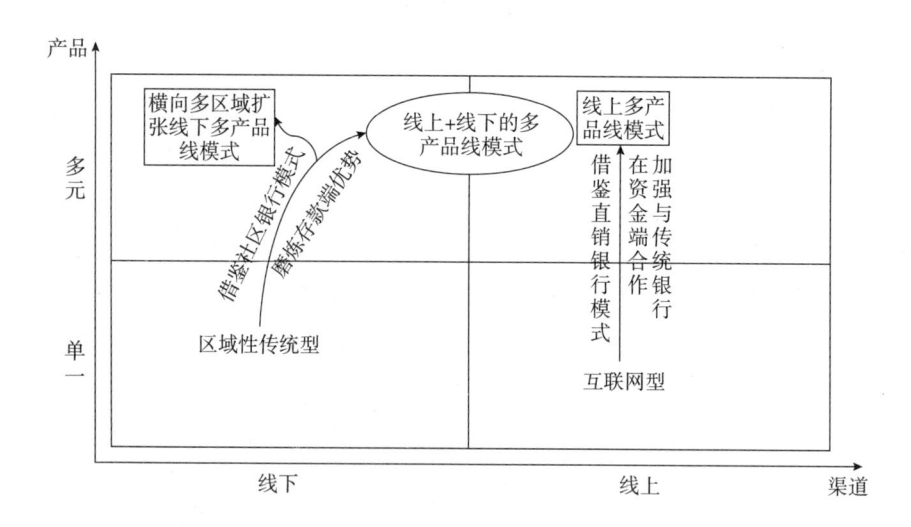

图 2-4　民营银行战略矩阵图

资料来源：罗毅、沈娟：《市场化之基因，特色化之道路》，华泰证券民营银行发展专题研究报告，2016年5月9日。

(二) 业务领域

1. 互联网金融

互联网金融是互联网与金融相结合的产物，通过借助信息技术，实现客户的筛选、资金划转和结算。在这种模式下，互联网民营银行可以更好地发挥自身优势：一是充分发挥互联网渠道成本低、覆盖广的优势，有效弥补物理网点不足的劣势；二是有效利用大数据，缓解信贷业务中的信息不对称问题，降低经营风险；三是利用信息优势，在资金供给者和需求者之间建立桥梁，提供中间服务，扩大轻资产业务，改善收入结构。

2. 供应链金融

供应链金融以核心企业为依托，通过向上下游企业的延伸，以产业链为基础，将核心企业和上下游企业作为一个整体来提供金融服务。核心企业和上下游企业之间的业务往来，可以有效缓解因信息不对称带来的道德风险。民营银行的股东多为业绩良好的大型民营企业，在行业中居于前列，在产业链中一般居于主导地位。同时，民营银行股权相对分散，行业分布较为广泛，围绕核心企业打造产业链具有先天优势。民营银行可以在支持产业经济发展的同时，将产业链金融服务打造成自己的核心竞争力。

3. 小微金融

从传统金融机构的定位着眼，民营银行可以通过发展小微金融实现错位发展。一方面，由于市场需求和供给结构不匹配，传统银行偏爱大中型国有企业，中小微型企业面临融资难、融资贵的窘境；另一方面，传统金融机构基于"二八"原理，对普罗大众提供金融服务的意识不足，使以大众型普通家庭为主体的市场面临金融服务需求巨大但难以得到满足的问题。从区别于传统银行的定位而言，民营银行可以尝试在投融资两端专注于非流行市场的开发，成功深耕非流行市场，累加起来可能形成比主流市场更大的市场。在目前民营银行资本金规模和监管约束之下，唯有战略明确、定位清晰，才能与传统银行形成错位竞争，并在细分市场实现竞争优势。同时，对整个银行业的发展产生积极影响。

4. 科技金融

当前，传统银行提供的金融服务主要依托工作人员的现场办理，服务流程长、效率低下。民营银行由于受到物理网点的限制，依托传统方式开展的金融服务半径有限，难以形成竞争优势。而区块链、人工智能、物联网等新兴科技的引入，可望有效推动金融服务从传统执行式服务向交互式服务转变。通过智能认证和智能协议，有效突破物理空间的约束，节约交易成本，为客户提供更好的金融服务。民营银行可以将科技与金融有机结合，凸显自身金融服务的优势，打造一个新版商业银行。

第三节 民营银行健康发展的外部环境

外因是事物变化的重要条件，外因要通过内因而起作用。民营银行要实现健康发展，离不开良好外部环境的支持，包括在银行业内维系与传统银行之间的竞合关系，配套财税、监管政策的支持以及地方政府的关注与扶持。

一、与传统银行的关系

民营银行彼此之间战略定位和发展思路虽略有差异，但核心基础还是以服务中小微型企业为落脚点，如电商平台的商家、供应链上下游的小微企业等。从市场定位角度，与传统银行直接冲突并不大，由此实现与传统银行的错位竞争。

（一）差异化市场定位

虽然在监管政策的强力引导下，传统银行对中小微型企业信贷和大众消费信贷的重视程度不断提高，是其未来发展的重点，但在漫长而痛苦的转型过程中，从资源倾斜的角度分析，短期内尚难以从根本上改变其倾向于大中型国有企业的偏好。民营银行定位于传统银行通常不愿服务的中小微企业和个人消费领域，利用信息和科技优势，筛选合格的信贷对象，提供符合小微型企业和个人消费的"小额、频繁、快速"的资金周转服务。例如，前海微众银行利用大数据筛选出的个人消费客户，可以向其提供即时授信、提款和还款等便捷的服务，其业务效率远高于传统银行。

（二）合作大于竞争

由于市场定位的差异化，民营银行与传统银行之间的合作关系总体上大于竞争关系。尤其是具有互联网基因的民营银行，一方面，利用自身优势实现信息共享，如浙江网商银行定位于轻资产、平台化的交易银行，不是和同业抢生意，而是立足共享客户；另一方面，可借助同业资金、系统等优势，回避自身不足，通过与现有银行合作，开展业务会更为顺利。前海微众银行将自身定位为"持有银行牌照的互联网平台"，积极拓展与同业的合作，如华夏银行给予其20亿元授信额度，前海微众银行负责客户管理和贷款审批，资产和负债都反映在华夏银行的资产负债表上。

二、配套政策

（一）财税政策

民营银行目前整体上属于试点期间，经营模式正在摸索中，且面临着正在积极转型的传统银行同业强有力的市场竞争。为夯实民营银行的发展根基，奠定持续发展的基础，首批试点民营银行都希望政府部门考虑给予一定的税收优惠。建议相关部门慎重考虑，一是优惠政策最好基于对"三农"、小微等"长尾"群体的信贷服务实际效果而不宜基于银行机构所属的特定类别；二是建议简化现有不良贷款核销手续。

（二）监管政策

银监会目前将民营银行作为单独的一类机构审批，监管上目前参照城市商业银行待遇。为营造平等竞争的监管政策环境，建议从以下五个方面着手：一是在存款准备金率方面，目前参照城商行标准执行，需缴存 16.5%。建议人民银行考虑在民营银行成立前三年参照农村信用社标准执行，按 11.5% 缴纳。二是在存款保险费率方面，对民营银行在发展初期统一按 0.06% 缴纳的基础上，实行按照经营管理状况和风险状况确定的差别化费率执行。三是在坚持技术可靠、风险与行业影响可控、实名认证、交叉复核的前提下，适时推进包括新设民营银行在内的银行业金融机构远程开立全功能 I 类账户试点，为互联网银行模式的落地奠定基础。操作中可以考虑先对特定地区、特定类别客户试点，按不同识别方式，分权限开立个人账户。同时通过增加身份识别的步骤，逐步提升账户权限。四是修改《中国银监会市场准入工作实施细则（试行）》，取消现行对民营银行"一行一店"的歧视性限制规定。五是修订现行《同业拆借管理办法》和《全国银行间债券市场金融债发行管理办法》，为新设民营银行进入同业拆借市场开展流动性管理和通过发行金融债获得资金来源提供便利，逐步缓解民营银行负债来源单一的问题。

（三）金融基础设施

在金融基础设施方面，最主要的一环是推进制度建设，为民营银行发展营造良好的信用环境。具体而言，应在签署保密承诺的基础上，开放政府掌握的部分公共数据资源（如企业进出口、税收数据等），积极推进金融信用信息基础数据库和统一信用信息共享交换平台的建设和运用，建立健全违约通报惩戒机制，通过增加失信成本，提高借贷关系的质量和稳定性。加大对恶意逃废债行为的打击力度，建立对逃废债企业责任人的追究制度。

三、地方支持

一是营造良好的经营环境。《关于促进民营银行发展的指导意见》要求地方各级人民政府有关部门要结合区域金融发展战略，定期发布指导意见，引导包括民营银行在内的各类银行业金融机构明确市场定位和阶段性发展目标，调整信贷结构、优化资源配置。组织协调金融机构加强信息交流、资源共享和同业合作，努力营造有利于民营银行发展的经营环境。二是承担一定的监管责任。《关于促进民营银行发展的指导意见》要求地方各级人民政府要抓紧研究建立与监管部门之间信息共享、风险处置等方面的协作机制，就处置民营银行突发事件及市场退出等建立协调机制，明确各方责任，细化工作程序，强化制度约束。上述规定实际上明确了地方政府要主动与银监部门建立监管协作机制。银监会主席尚福林在出席国新办新闻发布会时表示，民营银行准入环节包括与地方政府进行会商的程序，主要是协同地方政府及相关部门共同为新设民营银行营造良好的金融环境，落实支持银行发展和风险防范的相关责任，商议促进民营银行健康发展的工作意见。三是提供必要的配套支持。地方政府既可以考虑对新设银行给予总部奖励、税收优惠，在其经营失败时在破产清算等环节上适度减免费用，也可以参照中国台湾、韩国等地做法，投入一部分公共资金（如金融业增值税地方留成部分）作为金融重建基金，高效处理地方问题金融机构。

第三章

民营银行市场准入监管

市场准入是民营银行监管流程的起点,包括机构准入监管、业务准入监管和高管人员准入监管。对发起新设的民营银行而言,更要注意加强对发起人股东的审核与筛选。把好"病从口入"关是提升民营银行监管有效性的根本前提。

第一节　民营银行股东(主发起人)条件与资格审查

一、股东(主发起人)条件

《关于促进民营银行发展的指导意见》既明确了民营银行股东准入的法律法规依据,包括《银监法》《商业银行法》《中资商业银行行政许可事项实施办法》等,也给出了投资入股民营银行的民营企业应满足的条件:一是应满足依法设立,具有法人资格,具有良好的公司治理结构和有效的组织管理方式,具有良好的社会声誉、诚信记录和纳税记录,具有较长的发展期和稳定的经营表现,具有较强的经营管理能力和资金实力,财务状况、资产状况良好,最近三个会计年度连续盈利,年终分配后净资产达到总资产30%以上,权益性投资余额不超过净资产50%等条件;二是从防范风险传递的角度,要求拟投资民营银行的资本所有者应具有良好的个人声望,奉公守法、诚信敬业,其法人股东的公司治理结构与机制符合《中华人民共和国公司法》要求,关联企业和股权关系简洁透明,没有关联交易的组织构造和不良记录。此外,《中资商业银行行政许可事项实施办法(2015)》第13条确定了境内非金融机构作为银行发起人的负面清单,包括:

①公司治理结构与机制存在明显缺陷;②关联企业众多、股权关系复杂且不透明、关联交易频繁且异常;③核心主业不突出且经营范围涉及行业过多;④现金流量波动受经济景气影响较大;⑤资产负债率、财务杠杆率高于行业平均水平;⑥代他人持有中资商业银行股权;⑦其他对银行产生重大不利影响的情况。任何企业具备上述七个条件中的任何一条都将无资格发起设立银行。

二、股东准入资格审核

《中国银监会市场准入工作实施细则（试行）》（以下简称《细则》）在明确民营银行发起人审核应遵循的五项原则[①]基础上，进一步明确规定了民营银行发起人资格审核的要点：

（1）发起动机。强调申办企业有办好银行的资质条件和抗风险能力，应立足长远发展和稳健经营。

（2）发起方式。为避免单一股东控制民营银行，《细则》规定民营银行可采取共同发起设立方式，并明确银行性质为股份有限公司。这既是对现行双发起人或多发起人方式的确认，也没有规定"必须"采取共同发起设立方式，留有余地。

（3）发起人持股比例要求。《细则》规定民营银行发起人单一股东及其关联企业持股比例原则上不超过30%。一是对于单一股东的关联企业更为审慎；二是对持股上限规定为"原则上"不超过30%，保留了根据实践发展在未来调整突破的可能。

（4）股东注册地要求。《细则》规定民营银行发起人应为银行注册地所在省（自治区、直辖市）内的民营企业，排除了跨注册地所在省发起设立民营银行的可能。

（5）资本属性。《细则》规定民营银行发起人应全部为民间资本而无例外，非常严格。

---

① 有承担剩余风险的制度安排（即所谓生前遗嘱），有办好银行的资质条件和抗风险能力，有股东接受监管的协议条款，有差异化的市场定位和特定战略，有合法可行的恢复和处置计划。

（6）国籍要求。民营银行发起企业的主要股东、控股股东或实际控制人，应为中国境内公民且不得持有外国永久居留权。

（7）净资产要求。净资产是民营银行发起人股东承担剩余风险的物质基础。《细则》贯彻区别对待的原则，对民营经济较发达的东部地区，优先选择单家企业净资产不低于100亿元，终极受益人和剩余风险承担者个人净资产不低于50亿元的民营企业作为民营银行的发起人；对西部等欠发达地区，可适当降低净资产要求。

（8）发起人主营业务要求。《细则》规定避免不符合国家产业政策的限制性行业或企业的投资者成为民营银行发起人。民营银行发起人公司治理结构与机制应符合《公司法》要求，关联企业和股权关系简洁透明，没有关联交易的组织构造和不良记录。同时要求股东应承诺接受监管部门延伸监管，以及股东资质不符合监管要求时，限期转让民营银行股份。

《细则》还详细列举了发起人股东资格申请应报送的申请材料，包括：

（1）审查股东资格的申请书。

（2）投资人实际控制人关于其为中国公民，且无外国国籍、绿卡（永久居留权）的声明。

（3）投资人关于企业净资产、终极受益人和剩余风险承担者个人净资产数额的声明。

（4）投资人的基本情况介绍。内容包括但不限于：拟投资股权、投资金额、拟投资方的经营范围、在行业中所处的地位、在商业银行贷款（授信）情况以及贷款质量情况说明（经银行盖章确认）、股权结构拟变更前后对照表、本身及关联企业入股其他商业银行的情况。

（5）投资人的经年检的营业执照复印件。

（6）投资人最近三年经审计的资产负债表和利润表。

（7）投资人的公司股东（大）会和董事会、母公司同意其投资入股的决议或批准文件以及股权出让方公司的股东（大）会或董事会、母公司同意其出让股份的决议或批准文件。

（8）投资人出资的资金来源自有、真实合法的声明。

（9）投资人对入股商业银行不发生违规关联交易等情况出具的、董事会通过并由董事长签名的书面声明。

（10）经投资人股东（大）会或董事会出具的正式书面承诺。内容包括：一是承诺不谋求优于其他股东的关联交易，并出具经银行确认的银行贷款情况及贷款质量情况说明；二是承诺不干预银行的日常经营事务；三是承诺自股份交割之日起五年内不转让所持该银行股份，并在银行章程或协议中载明，到期转让股份及受让方的股东资格应取得监管部门的同意；四是作为持股银行的主要资本来源，应承诺持续补充资本；五是承诺不向银行施加不当的指标压力。

（11）民营银行主要股东名册。

（12）股份认购协议。

（13）投资人拟在入股金融机构派驻的人员及其基本情况、担任的职位和职责；评述拟受让方对入股机构的影响。

（14）经投资人股东（大）会或董事会出具的承担剩余风险的制度安排、股东接受监管的协议条款、合法可行的恢复和处置计划的情况说明。

（15）申请人的联系人、联系电话、传真电话、电子邮件、通讯地址（邮编）。

（16）银监会按照审慎性原则规定的其他文件。

（17）律师事务所就上述内容要件真实合法性出具的法律意见书。

三、对有限责任的突破——发起人自担风险机制

民营银行发起人资格准入最具争议的是有关自担风险机制的规定。《细则》总结首批五家试点银行的经验，再次重申"支持民营银行根据自身特点设计剩余风险承担机制，并从监管部门、民营银行、社会监督等方面完善监控体制，避免损害存款人、债权人和纳税人的利益，维护社会稳定"。

（一）自担风险机制的合理性分析

发起人自担风险的风险兜底制度一经推出，便遭到学术界的普遍

反对。主要观点包括：一是风险兜底制度与《公司法》中的有限责任制存在冲突；二是认为风险兜底制度导致民营银行发起人股东与现有商业银行股东的不公平待遇。对此，本书看法如下：一是有限责任与无限责任的法律界定是人为设计的责任划分方式，并不具有必然的对错之分，有限责任并非绝对不可突破。而且追溯历史，对银行股东责任的规定一直严于普通公司的股东，通常承担的是无限责任。[①] 为控制银行股东的道德风险和冒进行为，美国从南北战争到大萧条时期银行股东一直承担双倍责任，1863年《国民银行法》规定，银行股东在其已投入股本之外，再承担与其所持有的股份面值相同的责任。1864年进一步明确股东的责任是"平等、可计量、各自的"。加拿大19世纪初的银行法也规定银行股东对没有偿付的银行债务和义务承担个人责任。而在法国，直至19世纪末一直适用股东无限责任制度。二是不能仅以一处的不同便得出民营银行准入制度整体不公平的结论。即使制度上对发起人存在某种不公平，制度本身也未必不可取，因为对社会整体和经济全局而言该制度可能是公平而高效的。考虑到20世纪80年代放开民间资本发起设立城市信用社的教训，要求民营银行发起人股东自担风险是未雨绸缪的必要举措，有助于从源头上抑制道德风险。三是发起人风险兜底制度设计发生在市场主体准入之前，如果最终依然有足够多的市场参与者愿意作为发起人，则围绕是否公平的讨论或许多余。

具体而言，采取发起人风险兜底制度的合理性表现在以下方面：一是有助于降低有限责任与存款保险所导致的道德风险。理论研究认为，有限责任相当于为企业提供了一个美式卖出期权，而金融机构的该期权价值更高。如果其不必为此付出足够对价，就会导致风险收益不对称。发起人风险兜底的引入，可以在一定程度上突破有限责任的限制，降低美式期权价值，增加发起人为风险承担的成本，促其采用更加稳健的策略。二是有利于增强银行股东和其他债权人的自律监管力度。发起人风险兜底有助于银行与发起人之间建立"一荣俱荣、一

[①] 崔庆陵：《商业银行破产中的股东责任》，《安庆师范学院学报（社会科学版）》2010年第11期。

损俱损"的利益共存关系,增强银行股东和控制人对民营银行经营管理层的监督,形成市场化的自律监管机制,尽量减少和避免高风险活动。三是有助于缓解政府救助压力并保障社会公众的利益。理论上民营银行如果破产,其损失将在股东、政府与存款人之间进行分配。存款保险制度出台后存款人利益得到基本保障,因此银行破产风险将主要在银行股东和政府之间分配。发起人风险兜底将强制银行股东为破产承担更多损失,从而降低政府负担。四是有助于增强公众信任,确保股东对银行的决策权不受干预。风险兜底本身是一种强烈的信号发送机制,事实上起到增信作用,同时也会强化发起人在银行的决策权,政府部门和其他利益相关者也会尊重这种经营决策权。五是风险兜底本质上仍是符合帕累托标准的公平制度设计。一方面,放开民营银行准入以来,大量民间资本积极参与,并无强制摊派,因此即使要求风险兜底,发起设立民营银行对民间资本仍有吸引力;另一方面,制度比较的起点应基于现实环境。相较之前近 20 年民间资本无法发起设立银行的制度起点,目前民营资本与国有资本之间的不公平性实际上是在缩小,对此不应否认。

(二) 自担风险机制的法理分析——股东限制加重义务

银监会对股东自担风险的解读为"确保主发起人有承担剩余风险的能力,是资本所有者承担风险损失的市场约束机制"。[①] 严格地讲,"股东自担风险"容易引起歧义,因为从字面理解应解释为股东自己承担(股东的)风险,而表达由股东承担银行风险的含义并不突出。法律术语讲求精准,需要找到更加强调其法学范畴属性的表达方式。

从法学基本范畴角度看,义务是设定或隐含在法律规范中、实现于法律关系中的,主体以相对受动的作为或不作为的方式保障权利主体获得利益的一种约束手段。从义务的这一定义来看,"当为性"是义务的特有属性;而构成"义务"的基本要素包括基于某种主体身

---

① 详细内容参见银监会、国务院办公厅:《关于金融支持经济结构调整和转型升级的指导意见解读》,〔2017 -01- 26〕中央人民政府门户网站,http://www.gov.cn/zwhd/2013 - 07 /05 /content _ 2441039. htm。

份、出于利益保障目标以及表现为某种行为方式。从我国监管机构的解读和银行的实践做法看,"股东自担风险"是商业银行股东在银行面临资本不足等特殊状态时,应监管要求或股东自治规则的要求,而必须做出的向银行注资以及其他救助行为。从其他国家和地区的类似法律规定看,均为当商业银行陷入经营危机状态,股东直接依法律规定或者依法在监管机构的要求下,应当做出的一系列危机救助或风险处置行为。所以从制度先例所表现出的特征角度分析,"股东自担风险"属于强制性规范,是应监管要求或应法律规定必须为之的行为,具有"当为性"。同时,这一当为行为系基于股东这种主体身份,出于维护银行经营稳健性之利益目标,包括注资、流动性救助等行为,能够满足法律义务构成的要素要求。所以,"股东自担风险"可归入义务范畴。①

美国学者 Howel E. Jackson 将股东自担风险概括为 Enhanced Obligation。他认为,针对金融控股公司的这些"加强性的(Enhanced)"的义务(Obligation),作为调整金融控股公司法律规定的一部分,其最重要的意义在于使控股公司为(全部或者部分)它们的被监管的附属机构的偿付能力提供保证。他指出这个规则可以被理解为是一种对有限责任传统规则的背离,有利于针对控股公司控制其金融业附属机构在特殊情况下的非有限责任(Non-Limited Liability)(或者至少是较少有限)的制度,是对传统监管形式的一种有吸引力的补充和创新。因此,将股东自担风险表述为"股东加重义务"更为妥当。

学界和市场普遍认为,要求主要股东承担剩余风险的制度安排在法律性质上属于无限连带责任,是我国独有的对民营银行股东的歧视性待遇。事实上这是一种误解:首先,风险自担机制从法律性质上属于限制加重义务,是对股份公司股东有限责任制度的修正,是在坚持银行股东有限责任基础地位的前提下,在银行处于危机状态下扩张主要股东责任界限的一种制度安排,意在通过主要股东自力承担风险和自力救济来维护单体银行稳定。其次,美国、日本、俄罗斯和我国台

---

① 杨松、宋怡林:《民营银行股东自担风险立法模式借鉴与选择》,《法律科学》(西北政法大学学报)2016年第6期。

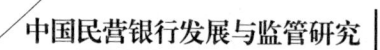

湾地区在《银行法》《信贷机构破产法》《金融控股公司法》等金融立法中都明确赋予控股股东追加资本、放弃红利、提供担保等加重义务，有国际经验可资借鉴。再次，银监会近年出台的《商业银行资本管理办法（试行）》《商业银行公司治理指引》和《关于信托公司风险监管的指导意见》都赋予主要股东持续注资、提供流动性救助等义务，这种加重义务普遍适用于所有持股5%以上的主要股东，不论其资本属性。对民营银行主要股东而言，这是一种平等而非歧视性待遇。最后，股东限制加重义务在实践中已有先例。2002年，我国光大国际信托公司出现危机，人民银行决定由其母公司光大集团承担光大国际信托的全部债务，这实际上就是光大集团作为控股股东承担的一种加重义务。

表3-1 部分国家（地区）对控股股东限制加重义务的法律规定

国家（地区）	法律条文	内容
美国	《金融服务现代化法》第730条	"实力来源"原则：当参加存款保险的存款机构处于资本不足状态，且受联邦银行管理机关书面指示，要求增加其资本时，则对于由参加存款保险的存款机构的控股股东或联营机构转让给该机构的资产或为该存款机构的利益而转让的资产，任何人不得向联邦银行管理机关提出返还这些资产的要求或货币损失的索赔，或其他法律或公平税务方面的减免要求
	《联邦存款保险法》第38条	"立即纠正"措施和"资本回复"方案：规定了参保商业银行股东保证银行恢复资本正常状态的主体、标准、方式等具体措施，可看作对"实力来源"原则的具体化

续表

国家（地区）	法律条文	内　容
日本	2001年《银行法》修正案第5条	持股超过50%以上的大股东，在银行经营状况危机、资本不能达到法定资本要求时，大股东应当通过向银行增资，以及采取其他措施帮助银行改变资本状况
俄罗斯	《信贷机构破产法》第7条、第8条	为了预防信贷机构破产，俄罗斯银行可以对银行采取下列财务重组措施，包括要求信贷机构创立者、参加人和其他人对信贷机构实施财务援助，具体包括：一是为信贷机构的延期付款计划提供担保；二是股东放弃股息红利分配并将其用于重组；三是股东向信贷机构增加注册资本
中国台湾	《金融控股公司法》第66条	当子公司陷入危机状态，金融控股公司应协助其恢复正常经营状态。当金融控股公司现有资本实力无法帮助子公司恢复正常经营时，则金融控股公司必须处置其经营以获得资本为子公司纾困，或者金融控股公司降低对子公司的持股，为引入其他市场救助措施扫除障碍

资料来源：作者根据杨松、宋仪林：《民营银行股东自担风险立法模式借鉴与选择》，华东政法大学金融法治方阵研讨会论文集（2016）整理。

（三）自担风险机制的落实方式

法治经验表明，政策最终的明确、固定和有效实施，仅靠政策文件是远远不够的，"公共治理只有被置于法治框架之内才能实现善治目标"[①]。而民营银行股东自担风险这一监管要求在未给予法制化时，是否具有法律效力从而产生一定的约束力，则是值得关注和探讨的

---

① 罗豪才、宋功德：《公域之治的转型——对公共治理与公法互动关系的一种透视》，《中国法学》2005年第5期。

问题。

  围绕这个问题及其解决，美国曾有先例。1989年3月，美国M金融控股公司针对联储理事会向联邦地区法院提起诉讼，请求法院认定联储理事会此前的一项监管措施无效，该项监管措施依据联储理事会于1984年颁布的"实力来源"原则，即"银行控股公司应充当其附属银行在财务和管理方面的实力源泉，不得从事不安全或不适当的经营活动"。联储理事会曾据此认为M金融控股公司违反了"实力来源"原则，并在股利分配、资产处置、向子公司的资本支持等方面向其发出了三项"临时禁止令"。受理案件后，联邦地区法院认定联储理事会无权做出基于"实力来源"原则的监管要求，并判决禁止联储理事会依据"实力来源"原则发出禁止令。其后联储理事会上诉至联邦最高法院，该院推翻了地区法院的判决，认为联储理事会有权依据其颁布的"实力来源"原则采取监管措施。虽然联邦最高法院最终认可了联储理事会监管要求的法律效力，但其引发司法审查本身就说明了在缺乏明确的法律规定或法律授权的前提下，监管要求的法律效力具有不确定性。事实上，美国最终于1999年在《金融服务现代化法》中明确规定了"实力来源"原则，以成文法的形式固定了这一监管要求的法律效力。

  1. 立法模式

  综上所述，银监会提出的民营银行股东自担剩余风险的监管要求应予成文立法化。考虑到银监会现有规定属于部门规章，立法层级较低，为从源头上抑制民营银行主要发起人股东的道德风险和负外部性，真正落实"风险自担机制"，建议借鉴国外金融立法经验，在修改后的《商业银行法》中对股东加重义务作出原则性和体系概括性的规定，在《公司法》中规定银行等特殊类型公司股东特殊义务的概括条款，保证《公司法》与《商业银行法》适用衔接；同时在《存款保险法》中规定股东承担加重义务的具体制度内容，以《商业银行法》的概括规定来满足成文法的相对稳定性要求，以抽象的制度原则满足成文法对快速发展的金融关系的调整适应性；以《存款保险法》的具体规定来实现成文法的操作性要求，以相对具体的实体和程序内容来满足调整复杂金融关系的需要。此外,在商业银行破产法的破产重整部分,规定银行股东对濒临破产银行的重整义务,包括强制注资等,这些义务在性质上也可归于银行股东加重义务。但在制度内容设计和具体实施上,应注意与《商业银行法》和《存款保险法》相协调。在具体立法技术上,可以考虑在银行破产法中使用具体规定和适用指引相结合的方式确定具体条文。①

2. 内涵界定

一是资本充足性维持承诺。由发起人承诺在民营银行经营过程中,始终维持其资本充足性,如果出现净资本与风险规模的不适应,发起人有义务在一定时间内补足。这一承诺对发起人流动性要求较高。二是偿付能力承诺。如果民营银行出现财务危机,发起人有义务提供资金,以维持民营银行的偿债能力。资本充足性维持承诺是在风险事件出现之前,偿付能力承诺是在风险事件出现之后。三是放弃优先债权承诺。在民营银行失去偿付能力之后,放弃优先债权承诺既可以降低政府对存款人的救助成本,也能防止民营银行与发起人及其他关联方的不当关联交易。四是在破产清算缓解分担救助成本的承诺。这涉及与政府救助、存款保险之间责任次序和比例的划分,将在本书第五章民营银行市场退出监督中详细论述。

第二节 民营银行机构准入监管

本节研究民营银行自身的准入监管政策,即民间资本发起设立银行所需满足的实体要求和程序条件。

---

① 杨松、宋怡林:《民营银行股东自担风险立法模式借鉴与选择》,《法律科学》(西北政法大学学报) 2016 年第 6 期。

一、实体要求

（一）注册资本

商业银行的注册资本，是指银行开业登记时所载明的银行登记在册的资金数额。根据现行《商业银行法》第13条的规定，"设立全国性商业银行的注册资本最低限额为10亿元。设立城市商业银行的注册资本最低限额为1亿元，设立农村商业银行的注册资本最低限额为5000万元。注册资本应当是实缴资本。国务院银行业监督管理机构根据审慎监管的要求可以调整注册资本最低限额，但不得少于前款规定的限额"。资本的最主要功能是吸收损失，由于银行业高风险运行的特性，世界上绝大多数国家和地区都对银行成立设置了注册资本要求，民营银行也不例外。强制性的注册资本要求可以保证新设银行拥有充足的资金，降低风险发生概率和损失程度，同时可以将不够资格的申请者挡在门外，保持银行数量的合理性。由于各国监管机构风险偏好不同，各国银行注册资本的规定差异较大。《商业银行法》的注册资本规定要求是1995年实施的，随着时间的推移和经济的发展，原有规定已不合时宜。银监会《市场准入实施细则》参照现行城商行注册资本要求，将民营银行注册资本最低要求上调为20亿元。

在资本缴付形式上，各国差异也很大，主要区别在于是否允许使用借入资金和非现金资产或政府债券入股。美国允许股东使用借入资金入股国民银行，但不能使用非现金资产或政府债券。印度不允许使用借入资金，但并未规定资金形式。我国台湾地区规定可以使用借入资金，资本缴付形式包括非现金资产或政府债券。[1] 我国《商业银行法》对此没有明确规定，但《市场准入实施细则》规定发起或入股民营银行的资金必须为自有资金，不得以委托资金、债务资金等非自有资金入股，法律法规另有规定的除外。上述规定的理由是保证民营银

---

[1] 金彭年：《法与经济交融视域下民营银行准入之检视与完善》，《上海对外经贸大学学报》2016年7月。

行入股资金稳定,确保必要的损失吸收能力。

(二) 股东结构

巴塞尔委员会发布的 2012 年版《有效银行监管核心原则》规定,各国银行监管当局可以对银行所有权结构提出监管要求,包括审查银行的直接和间接控制人,主要的显名和隐名股东,还应审查控制人过去控制的银行、商誉及财务状况等。具体审查内容包括但不限于股东持股比例要求、关联方持股比例要求、非银行金融机构以及非金融机构持股比例限制。

理论上,新设民营银行清晰合理的股权结构是建立一个具备有效约束和有效激励的公司治理机制的先决条件。基于民营银行资本来源和控制权的私人属性,公众对设立民营银行的最大担忧,是控股股东将其视为提款机并损害存款人等社会公众的利益。因此,民营银行股权结构的监管要点,一是要防止产生绝对控制权的单一股东,防止股权高度集中,以便股东之间相互制约,防止少数人控制银行;二是要防止股权过于分散,避免损害民营银行的运营效率,也防止高管人员乘虚而入形成经理人内部控制。本质上讲,对民营银行股权结构的监管,旨在实现风险承担水平与有效市场竞争力之间的平衡。目前,我国《公司法》《商业银行法》等上位法对银行股东持股比例都没有明确规定。《市场准入实施细则》只是明确了民营银行发起人持股比例要求,即单一股东及其关联企业持股比例原则上不超过 30%,而没有对股权结构提出具体监管要求。建议从所有主发起人持股比例不低于半数,第一、第二大股东持股比例适当差异以及股东数量等角度做出更加明确的原则性规定,以更好地指导民营银行筹备组设计良好的股权结构。

(三) 机构网点

在机构网点方面,《市场准入实施细则》规定,民营银行应坚持"一行一店",在总行所在城市仅可设 1 家(在行式)营业部,不得跨区域设立分支机构。作为民营银行监管待遇参照系的城市商业银行,并无"一行一店"的限制,虽然2011年3月以后已经基本停止审批跨省(自治区、直辖市)设立分行,但目前仍然允许在省内经济联系紧密区域设立分支机构。两相对照,可以看出民营银行现阶段机构网点准入限制过严。虽然民营银行比照城商行监管,但上述单一网点限制实属歧视性待遇,不利于民营银行特别是借助线下网点发展业务的三家传统运营模式的民营银行拓展业务、服务客户,也不利于吸引民间资本投资银行业。① 建议取消民营银行网点设立"一行一店"的限制性规定,是否允许民营银行设立网点,应由监管部门综合当地经济和金融市场发展情况,基于审慎监管考虑自由裁量。

(四)账户开立

根据客户需要为其开立账户是各类银行提供金融服务的前提和基础。目前拟采用互联网模式远程提供金融服务的网商银行和微众银行在开户环节面临实质性限制。

1. 管理现状

远程开户是微众银行、网商银行等不设线下网点的民营银行商业模式成功的前提。唯有如此,才能发挥互联网银行少网点、少人工的特点,在降低产品和服务成本的基础上实现融资利率降低和优化,并由此实现规模快速发展,顺利打开新市场。

根据中国人民银行2015年底发布的《关于改进个人银行账户服务加强账户管理的通知》,目前仍未放开远程开立全功能的I类账户,使两家互联网民营银行吸纳存款能力受到严重制约。截至2015年底,微众、网商银行存款余额不足2亿元,仅占负债总额的不足1%。

银行账户是金融业务的基础,保障账户安全是维系金融体系稳定和安全的源头。在账户管理方面,中国人民银行制定了一系列规章制度。总的看来,一是账户开立要求落实实名制,要求银行业金融机构遵循"了解你的客户"的原则,履行客户身份识别义务;二是实名认证要求面签,由本人或代理人当面与银行签订协议,明确权利和义务

---

① 根据中国银监会《中资商业银行市场准入实施细则》的相关规定,在各存款类银行业金融机构中,只对民营银行设立网点的数量提出了明确的限制要求。

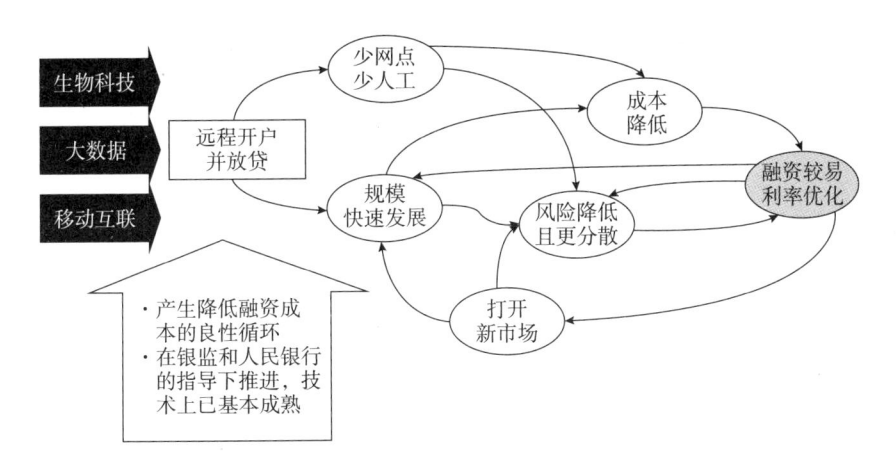

图 3-1　远程开户与互联网银行业务模式

关系；三是实名认证证件范围在《人民币银行结算账户管理办法》及其实施细则中有明确规定；四是实名认证要求贯穿整个业务过程。针对账户出现的异常情况，金融机构可根据法律制度相关要求对客户身份进行再次认证。

2. 银行远程开户管理的国际经验

（1）美国：基于 SSN 体系和银行交叉验证，账户功能需预审核。

美国是最早开设互联网银行的国家，第一家纯互联网银行——安全优先网络银行（Security First Network Bank）于 1995 年在美国成立。美国互联网银行的主要监管机构为美国货币监理署（OCC）、美国联邦金融机构检查委员会（FEIEC）及各州银行局等。在互联网银行市场准入方面，主要由美国货币监理署（OCC）监管，给予符合资质的互联网银行较大的业务空间。OCC 在 1999 年发布的《总监手册——互联网银行业务》，2001 年发布的《互联网与国民银行注册》（The Internet and the National Bank Charter）[1] 和 2002 年发布的《电子活动最后规则》（Electronic Banking）[2] 是互联网银行设立的主要参考文

---

[1] Office of the Comptroller of the Currency. The Internet and the National Bank Charter [EB/OL]. http：//www.calbar.ca.gov/portals/0/documents/occcorpmanual.pdf.

[2] Office of the Comptroller of the Currency. Electronic Banking. [EB/OL]. http：//www.alta.org/govt/issues/02/occ2002_23.pdf.

件，其中《电子活动最后规则》对于网上银行业务范围做出了具体说明。《电子活动最后规则》将银行业务分为银行业务本身的组成，以及开展银行业务所必须的附带性业务，而互联网银行业务只要被认为是上述两种之一，即有权从事相关业务。

美国联邦金融机构检查委员会（FFIEC，由美联储、美国货币监理署、联邦存款保险公司等组成的检查机构）在 2001 年推出《网络环境下的身份认证》（Authentication in an Internet Banking Environment)[1] 政策，旨在对网络环境下的银行业务身份认证提供指导性意见。基于鼓励自由竞争的政策基调，FFIEC 对于具体选择哪些措施进行风险管控并不做强制要求，交由银行金融机构按照风险偏好进行自主选择。由于网络银行的快速发展，诈骗、身份盗窃等问题不断滋生，FFIEC 在 2005 年和 2009 年分别对《身份认证》文件进行修订，要求银行金融机构定期进行自身风险评估，评估周期最长为 12 个月，评估标准基于主要客户类型、客户交易规模、客户交易品种、客户沟通能力等因素，依次进行风险管控方式调整。

美国远程开户身份验证以社会安全号码（Social Security Number, SSN）体系为基础。SSN 是美国社会安全卡（Social Security Card）上的 9 位数字，由美国联邦政府社会安全局发给公民、永久居民、临时（工作）居民。SSN 原本是用于追踪个人纳税情况的，但是现在用途已被扩大到包括区分个人身份，类似于中国居民身份证号码。由于社安号码已和持卡人信用情况绑定且具有非常高的隐私性，被广泛运用于远程开户身份验证。

美国远程开户还需要对客户身份进行银行交叉验证，而账户功能则需要银行在申请银行牌照时提交监管审核。客户远程提交开户申请后，银行会电话联系客户要求通过传真电邮等方式提交客户的身份证件复印件、证明住址的水电费单或一张作废的支票，以证明客户已有的银行开户情况。OCC 要求在网上银行申请市场准入的过程中，对于具体业务类型及范围进行说明才能通过审核，也意味着各家互联网银

---

[1] Federal Financial Institutions Examination Council. Authentication in an Internet Banking Environment [EB/OL]. http：//www.ffiec.gov/pdf/authentication_guidance.pdf.

行的账户功能各有不同。从搜集的美国互联网银行业务情况看，账户功能主要以传统的存贷业务为主。

表3-2 美国互联网银行账户功能举例

	Ally Bank	BOFI Federal Bank	Capital One N. A.
是否独立法人	是	是	是
有无物理网点	无	无	无
2016年互联网银行排名	1	6	7
FDIC注册号	57803	35546	4297
联邦监管机构	联邦存款保险公司	联邦存款保险公司、货币监理署	联邦存款保险公司、货币监理署
主要产品	大额存单、储蓄账户、货币市场账户、个人退休账户、付息支票账户、经纪存款	支票、储蓄、大额存单、低息抵押贷款	360支票业务、360储蓄、360货币市场业务、大额存单、儿童储蓄、线上投资业务、家庭贷款、退休储蓄、商业储蓄、商业大额存单等
负债端	Ally Bank 吸收存款	以互联网+手机App+借记卡形式，凭借有吸引力的利率和较少的收费来吸收存款	旗下Capital One 360及其他吸储类产品
资产端	Ally Auto 汽车金融信贷	起初通过互联网发放居民住房抵押贷款，获取安全性高又稳定的利息收入和服务费，之后逐渐发展汽车贷款、保理等业务	旗下CONA为小微企业提供金融服务、COBNA提供借贷产品

(2) 欧盟：起步较晚，成员国监管态度各异。

与美国相比，欧洲的互联网银行发展起步较晚，而从英国1998年保诚金融集团设立独立子银行起迎来快速发展，仅在1999年底就有2000多家金融机构开展互联网银行业务。欧盟互联网银行监管的主要目标有两个：一是提供清晰透明的法律环境，二是坚持适度审慎和保护消费者。由于各成员国存在差异性，欧盟对于互联网银行的监管采取权力下放，对互联网银行账户功能不做出统一规定。在身份认证问题上，欧盟于1991年出台《关于防止金融系统被用于洗钱和恐怖融资目的的指引》（以下简称《指引》）[1]，并在2006年发布《指引》的执行情况报告，其中对非面对面情况下的账户操作给出建议性说明。与美国相同，《指引》不对具体的风险防范措施进行强行要求，具体措施由各成员国根据自身风险情况进行制定。具体来看，各成员国对于远程开户政策态度主要分为三种，分别为禁止、小范围允许及普遍允许。欧盟国家常用三种方式进行身份核实，分别为事后补充身份资料，与相关机构合作交叉验证，以及通过首笔银行转账完成身份核实。

表3-3 欧盟成员国互联网银行监管态度及身份验证方式

代表国家	具体方式	代表国家	具体方式	代表国家	具体方式
捷克 德国	禁止非面对面的身份验证	拉脱维亚	远程开户后第一次交易进行现场验证	英国	不区分客户群体
匈牙利 斯洛伐克	引入第三方机构进行线下验证	西班牙	远程开户后补充证件资料		具体措施由银行自主选择
		荷兰	在无现金交易时可远程开户，第一次交易需与同名账户进行绑定		金融监管局给出方式指引

注：英国为欧盟前成员国。
资料来源：EU Commision。

[1] Commission of the European Communities. Identification of Clients in Non-face to Face Transactions [EB/OL]. http://ec.europa.eu/internal-market/company/docs/financial-crime/non_face_to_face.pdf.

法国互联网银行主要监管机构为法兰西银行、法国银行与保险监管机构、法国金融市场管理局、法国银行业联合会、经济部、审慎控制管理局等。大部分情况下，银行要求开户人将网上填好的表格打印出来手工填写并签名。银行以邮政的方式给客户发送一封信件，其中会提及开户人需要提供的证明，开户人须将所有要求的文件备好并寄到银行指定地址。另外，有的银行会要求开户人提供在其他银行的账户号码或一张附有最少开户金额的支票。一旦网上开户开始生效，客户对其账户汇款进行账户激活。银行还会以信件方式查询开户人在其他银行的账户情况，或者通过当地使馆、会计事务所、律师事务所等进行材料真实性的公证，通过客户当地银行所出具的资信证明来核实客户身份。

英国互联网银行主要监管机构原为金融服务管理局（FSA），后由于分拆则由英格兰银行、审慎监管局、行为监管局负责。英国作为欧盟前成员国，对网上银行的政策态度相对于其他欧盟国家最为开放。英国的互联网银行法律体系非常丰富，包括1990年的《滥用计算机法》、1998年的《数据保护法》、2000年的《电子通信法》《自由信息法》、2003年的《隐私和电子通信规则》、2005年的《公共部门信息再利用规则》等。前英国金融服务管理局（FSA）对互联网银行的定义为：通过网络设备和其他电子手段为客户提供产品和服务的银行。英国界定互联网银行提供的服务既包括所有银行业务，也包括一般信息和通信业务，业务种类与传统银行保持一致。英国允许单位和个人采用网上开户等非面对面的方式开户，开户流程需要填写电子申请表，银行通过电子客户身份验证系统核实客户身份。对非面对面开立的账户，在账户功能上没有限制。英国属于政策上不限制远程开户及功能，由银行根据自身风控能力展开业务。

First Direct 于 1989 年由当时英国四大银行之一的 Midland Bank 创建，1992 年 Midland Bank 被汇丰集团收购，First Direct 即成为汇丰集团旗下汇丰银行（HSBC Bank PLC）一员。英国对于远程开户持开放政策态度，First Direct 在这一政策基础上采取一系列风险管控措施实现客户远程开立账户的受理。First Direct 的开户流程主要分三个部分，首先，客户需要在 First Direct 官网注册账户，在注册时提供个人基本信息，包括家庭地址、工作情况、薪水情况以及现有银行账户信息。其次，完成官网账户注册后，客户通过登录网上银行界面，并且通过电话银行获得电话密码，继而通过电话密码和已有账户号码完成验证。最后，在网上银行开户结束时，First Direct 要求客户选择实时密码工具，分别为手机 App 密码生成器以及实物密码生成器，得到密码生成器后，即能获得实时动态密码。完成这一整个账户注册流程，即能够享受所有的互联网银行服务，涉及各类存款账户、房贷、信用卡、投资等。

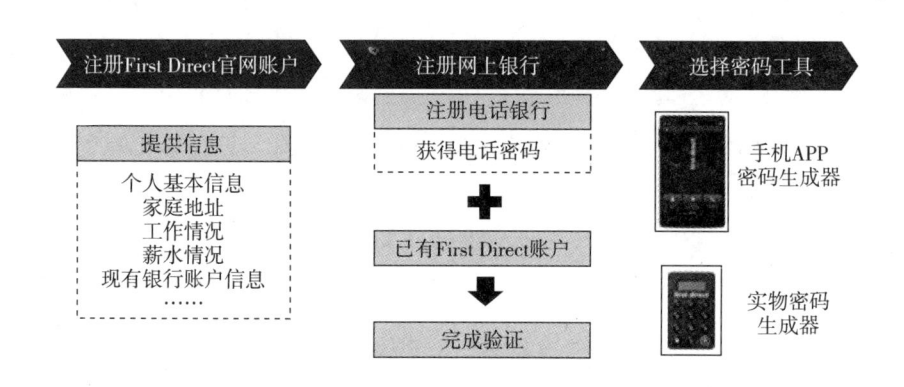

图 3-2　First Direct 账户注册流程

资料来源：First Direct 官网。

表 3-4　First Direct 业务特点及账户功能

服务渠道	• 网上银行 • 手机 App • Apple Pay • 短信银行 • 电话银行 • 支行网络

续表

业务特点	• 不设独立的线下银行网点，但客户可以利用 HSBC 网点或邮局网点进行支票业务 • First Direct 不设分行，银行员工也从不与客户见面，所需文件、资料都是通过网络或信件传递 • 成立之初就将目标客户定位为年轻、时尚、易于接受新事物，具有良好经济基础的人群，并将方便、快捷、高效的服务作为主要的竞争手段
账户功能	• 基础银行业务，提供现金往来账户、储蓄账户 • 抵押贷款 • 个人分期付款业务 • 信用卡 • 储蓄业务，包含储蓄类产品、定期存款等 • 投资理财，包含为客户提供投资建议、子女信托基金等 • 股票交易，包含股票交易服务、交易基金 • 保险，包含人寿保险、汽车保险、家庭财产保险、旅行保险等 • 旅行预备金业务 • 境外支付业务

（3）日本：基于住民登录制度，线下辅助完成验证。

相对于欧美发达国家，日本互联网银行起步较晚，主要监管机构为金融厅和警视厅。1998年之前，日本银行业网上主要提供账户查询服务，由客户使用专用软件进行操作；1999~2000年，网上银行业务仅仅是传统银行的部分延伸，业务范围扩展到定期存款、外汇、缴费等。同时进行全面的金融改革，降低银行业门槛。2000年，日本产业再生委和金融厅联合发布《包括非金融机构开展银行业务在内的新兴银行的牌照审批和监管措施》(Measures for Licensing for and Supervision of New Types of Banks including Entry into Banking Business by Non-Financial Entities)[1]，允许其他行业参与银行业经营，当年日本第一家互联网银行——日本互联网银行成立。在政策引导下，日本互联网银行实现24小时网上开户、转账、贷款等多项业务。

---

[1] Financial Services Agency. Measures for Licensing for and Supervision of New Types of Banks including Entry into Banking Business by Non-Financial Entities. [EB/OL]. http://www.fsa.go.jp/news/newse/e20000817-1b.pdf.

由于日本长期施行住民登录制度，国家对全体国民的住址信息进行全面详细的管理，每个住民有一个住民票，住址变更时需向当地政府机构申报变更内容。在受理远程开户申请时，银行会给客户邮寄一封挂号信，而客户必须出示有效身份认证才能够领取信件，银行获得客户收件回执后，完成对客户的远程身份认证。日本的银行远程开户实际上在线下完成辅助验证，但由于该验证方式也不需要客户亲赴网点，实际也为互联网银行提供了较大的发展空间。

总的来看，国外并未像国内进行账户的精细分类，政策态度大致分为接受远程开户的国家和不接受远程开户的国家。其中，接受远程开户的国家中一般将账户功能的权限交给银行，由银行根据自身的客户身份信息验证能力和风险控制能力来规定远程账户功能。但也有部分国家和地区不接受非面对面的开户方式，如中国香港和台湾地区，客户仍需亲赴网点开户或与客户经理亲自会面，并提交身份证明文件的正本或核证本以核实身份。

3. 改进建议

一是适当转变银行账户管理经验，在坚持技术可靠、风险与行业影响可控、实名认证、交叉复核的前提下，允许银行根据自身经营特点探索不同的账户开户方式，适时推进包括新设民营银行在内的银行业金融机构远程开立全功能 I 类账户试点，为互联网银行模式的落地奠定基础。操作中可以考虑先对特定地区、特定类别客户试点，按不同识别方式，分权限开立个人账户。同时通过增加身份识别的步骤，逐步提升账户权限。二是探索人脸识别、指纹识别等多种形式的账户身份验证方式。三是研究建立账户分层管理体系。根据账户类型（个人存款户、消费贷款账户等）、交易类型（存款、投资、转账、取现等不同功能）、交易规模（金额大小）以及交易频率等，明确账户的分级认证和管理措施。四是建立动态人脸图像数据库，加快自然人指纹录入，进一步完善手机实名制等，继续强化社会和金融基础设施建设。五是授权银行要求客户提供辅助证明材料，便利通过认证材料的关联性加强识别。

二、程序性条件

（一）申请材料目录

《市场准入实施细则》规定了申请发起设立民营银行所需提交的材料目录和内容要求，包括以下十项资料：

（1）申请书。内容包括但不限于：拟设立民营银行的名称（中英文）、拟设地、注册资本、股权结构、业务范围等基本信息以及设立的目的。

（2）可行性研究报告。内容包括但不限于：拟设地经济金融情况；拟设机构的市场前景分析，包括市场定位、同业状况、设立后所能提供的服务等；未来财务预测，经过预测的拟设机构开业后3年的资产负债规模、盈利水平、流动性状况、不良贷款比例、资本充足率、资本收益率、资产收益率等预测；业务拓展策略；风险控制能力等。

（3）发起人基本情况。内容包括但不限于：发起人之间关于发起设立民营银行法人机构的协议、发起人的名称、注册地址、法定代表人、经过工商年检的营业执照复印件、经营情况、诚信状况、未偿还金融机构贷款本息情况、所在行业状况、纳税记录等事项。

（4）发起人组织结构图、发起人所在集团公司的组织结构图、发起人主要股东名册，发起人分支机构与控股、入股、控制子公司名册以及上述机构从事的主要业务及盈利主要来源、发起人之间的关联状况、对发起人有实际影响力的个人和组织的有关情况，发起人拟投资入股的资金来源证明。

（5）发起人董事会和股东（大）会关于同意发起设立该民营银行法人机构的决议及自有资金来源真实的承诺书。

（6）筹建方案。内容包括但不限于：拟筹建民营银行组织管理架构、内控体系、拟聘高管的基本情况和聘任其他从业人员计划，与信息科技安全相关的材料，经授权的筹建组人员名单和履历、联系地址和电话，选址方案。

(7) 拟外聘的咨询机构及人员的背景和联系方式。

(8) 申请人的联系人、联系电话、传真电话、电子邮件、通讯地址（邮编）。

(9) 银监会按照审慎性原则规定的其他文件。

(10) 律师事务所就上述内容要件真实合法性出具的法律意见书。

(二) 审批流程

1. 审批前辅导

银监会提出，在民营银行准入审批过程中，要加强全系统上下联动、会内相关部门之间协同配合，在正式受理申请前，应提前介入辅导，注重可研、论证、会商机制建设。

(1) 可研是指对机构设立的必要性、可行性及发起人情况进行尽职调查，主要观察有申设意向的民营企业是否符合有关要求，是否具有办好银行的主观愿望和良好动机，是否有足够的自有资金；有意发起设立银行的民营企业是否具有良好的公司治理结构和有效的组织管理方式，是否具有良好的社会声誉、诚信记录和纳税记录，有无其他不良记录；发起设立银行的方案是否科学完善，本地的市场资源能否支撑银行的可持续发展。该阶段工作由银监局完成。

1) 内容与要求。尽职调查应重点针对以下内容：一是出资人基本情况。包括但不限于：历史沿革、核心主业、组织结构、管理状况、财务指标、行业地位、区域地位等。二是内在需求情况，即设立机构的必要性。包括所属地区对设立机构的需求；出资人的内在需求（可结合出资人所属行业、产业链特征、产品特点等予以说明）。三是条件符合情况，即设立机构的可行性。对照《中资商业银行行政许可事项实施办法》和民营银行相关准入条件对出资人的资质条件进行核实把关，并应对拟设机构的业务模式和业务量预测的合理性进行分析。四是机构筹建方案，包括但不限于出资人及股权结构安排、拟设机构功能定位、公司治理架构、筹建工作初步安排等。如果有缺陷和不足，各地银监局应及时予以指导和辅导。

2) 手段与方式。尽职调查应采取以下方式进行：一是材料获取及核查。要求出资人提交拟设机构的可行性研究报告、出资人资料及其他相关支持材料，并对材料的真实性进行核查。二是出资人约谈。了解出资人经营管理情况和所在行业发展状况，对拟设机构功能定位的理解和风险防控的认识，以及设立机构的意图及自身优势。三是舆情查证。通过企业官网、公开信息、网络媒体等途径了解出资人资信状况及是否存在负面舆情，必要时要求作出书面解释或提交法律意见。四是实地调研。根据需要对出资人进行实地调研，或走访其行业主管部门（如当地政府、国资部门、行业协会或其他主管部门），了解企业状况，征询相关意见。

3）结论与形式。尽职调查完成后，应形成尽职调查报告，内容包括：一是尽职调查工作情况。包括采取的尽职调查方式及对工作开展情况的简要说明。二是拟设机构概况。包括机构名称、注册资本、注册地、出资人及出资比例。三是出资人的基本情况。四是设立机构的必要性分析。五是可行性初步分析。包括出资人资质条件审查、拟设机构的市场定位、功能定位、业务模式和业务量预测等。六是存在的问题和相关说明。七是尽职调查结论。

（2）论证是指银监局完成尽职调查后与银监会共同研究商议可否支持其申设机构，该阶段工作由银监局和银监会城市银行部共同完成；对论证中遇到的重大问题及发起人曾经发起设立过银行业金融机构的，可通过征求意见等方式请会内相关部门配合论证。

1）内容与要求。论证主要是为了提高行政审批质量和效率，由各省银监局与银监会相关部门就拟设民营银行的可行性、合法性、完善性进行讨论论证。

2）手段与方式。论证中主要考察风险承担制度、股东接受监管的协议条款等是否可行；资质条件和财务状况是否符合法定条件；拟设银行的业务范围、市场定位、经营方针和计划是否合理等。通过前期论证，及时向意向申请人反馈修正意见，方便申请人修改完善申请材料，提高申请方案的可行性。

3）结论与形式。银监局完成机构筹建尽职调查，到银监会进行机构筹建论证之前应提交尽职调查报告，筹建论证后应形成论证会记录。

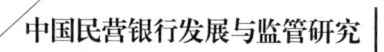

（3）会商是指论证确认后请银监会领导与拟设机构所在地地方政府领导共同研究、商定机构准入、营运和退出过程中的风险处置责任等事项，形成书面意见作为准入受理和日后监管的依据。

1）内容与要求。会商主要是协同地方政府及相关部门共同为新设民营银行营造良好金融环境，落实支持银行发展和风险防范的相关责任，商议促进民营银行健康发展的工作意见。

2）手段与方式。会商应在银监局和银监会相关部门筹建论证完成之后进行，并形成专题会议纪要，作为机构筹建许可的办理依据。

3）结论与形式。会商完成后即可进入机构筹建许可受理程序。

2. 具体流程

民营银行筹建申请由民营银行筹建工作组向拟设地银监局提交，拟设地银监局受理并初步审查，银监会审查并决定。银监会由城市银行部进行审核，报会领导审定。银监会应在收到完整申请材料之日起4个月内做出批准或不批准的书面决定。持股比例10%以上（含10%）的发起人股东资格随同筹建方案由银监会进行审批，持股比例不到10%的发起人股东资格由银监局审批。

银监局初步审查意见应对筹建方案和发起企业资质是否符合《中资商业银行行政许可事项实施办法》《关于促进民营银行发展的指导意见》和相关操作细则规定逐条说明。

对民营银行申设行政许可申请不符合民营银行有关政策要求的，银监局应不予受理，并指导推动其调整完善直至符合条件。

第三节 民营银行业务准入监管

一、法律法规的规定

关于民营银行的业务范围，根据上位法《商业银行法》第三条规定:"商业银行可以经营下列部分或者全部业务:①吸收公众存款;②发放短期、中期和长期贷款;③办理国内外结算;④办理票据承兑与贴现;⑤发行金融债券;⑥代理发行、代理兑付、承销政府债券;⑦买卖政府债券、金融债券;⑧从事同业拆借;⑨买卖、代理买卖外汇;⑩从事银行卡业务;⑪提供信用证服务及担保;⑫代理收付款项及代理保险业务;⑬提供保管箱服务;⑭经国务院银行业监督管理机构批准的其他业务。经营范围由商业银行章程规定,报国务院银行业监督管理机构批准。商业银行经中国人民银行批准,可以经营结汇、售汇业务。"《银行业监督管理法》第18条:"银行业金融机构业务范围内的业务品种,应当按照规定经国务院银行业监督管理机构审查批准或者备案。需要审查批准或者备案的业务品种,由国务院银行业监督管理机构依照法律、行政法规作出规定并公布。"在此基础上,《市场准入实施细则》明确规定,民营银行主要服务中小微企业、"三农"和社区及大众创业、万众创新,成立初期业务范围应限于传统的存、贷、汇等基本业务。《民营银行监管的指导意见》在市场定位部分对此予以重申,并指明民营银行应为实体经济特别是中小微企业、"三农"和社区,以及大众创业、万众创新提供更有针对性、更加便利的金融服务。

首批五家民营银行试点过程中,银监会一直强调鼓励发展差异化的业务模式,与传统银行错位竞争。从试点情况看,五家试点银行立足特色经营,发挥比较优势,探索实践差异化市场定位。迄今各项业务开展基本符合设立初衷:金城银行侧重"公存公贷",微众银行坚持"个存小贷",网商银行秉承"小存小贷",华瑞银行和民商银行定位于"特定区域"(见表3-5)。

表3-5 首批试点民营银行市场定位与业务模式一览表

	微众银行	民商银行	金城银行	华瑞银行	网商银行
注册资本	30亿元	20亿元	50亿元	30亿元	40亿元
注册地	深圳	温州	天津	上海自贸区	杭州

续表

	微众银行	民商银行	金城银行	华瑞银行	网商银行
业务模式	个存小贷	温州地区小微企业、居民、"三农"	公存公贷	自贸区金融服务	小存小贷
市场定位	通过互联网为个人消费者和小微企业提供金融服务	为温州区域小微企业、个体工商户和社区居民、县域"三农"提供普惠金融服务	重点发展天津地区对公业务	面向自贸区，涵盖"结算、投资、融资、交易"的智慧银行	以互联网为主要手段，全网络化营运，为电子商务平台的小微企业和个人消费者提供有网络特色、适合网络操作、结构相对简单的金融服务和产品

资料来源：作者整理。

二、实践中存在的问题

从对五家试点银行现场调研的情况看，目前业务准入环节面临的主要问题是银行成立之初无法加入同业拆借市场，也没有资格通过发行金融债券的方式解决资金来源。因此，面向中小微企业提供服务的民营银行自身面临着比较严重的融资难和融资贵问题，严重削弱了其服务客户能力。

根据2007年《同业拆借管理办法》和2016年8月修订的《全国银行间同业拆借市场业务操作细则》的规定，民营银行成立两年之内无法进入同业拆借市场开展流动性管理；根据《全国银行间债券市场金融债发行管理办法》的规定，民营银行至少在成立三年内（恰是最急需的时段）难以通过发行金融债券解决资金来源。此外，根据央行2016年6月发布的《市场利率定价自律机制成员名单》，由于不是全国性市场利率定价自律机制正式成员，现阶段民营银行也没有资格发行大额存单吸揽存款，目前也只有华瑞银行、微众银行和网商银行获得同业存单发行资格。

三、政策建议

尽快修订现行《同业拆借管理办法》和《全国银行间债券市场金融债发行管理办法》，为新设民营银行进入同业拆借市场开展流动性管理和通过发行金融债券获得资金来源提供便利，逐步缓解民营银行负债来源单一的问题。

第四节 民营银行董事、高级管理人员准入监管

一、董事、高管人员准入监管的作用

银行在日常运营中作为吸收公众存款的经营货币的企业，要承担高风险的压力。银行发展的战略方向由其董事会作出，而风险控制和经营策略由高级管理人员作出。因此具备合格的董事和高管人员至关重要。对商业银行董事等高级管理人员实行任职资格管理，是市场准入监管中的重要手段。对董事和高管任职资格作出若干限制，出发点应在于既要保证其具有经营管理商业银行的业务能力，又要降低代理人道德风险。

二、国际做法

放眼全球，各个国家和地区基本都从从业经验、专业资质、个人品性、过往经历等方面入手，对董事和高级管理人员的候任者进行必

要的全方面背景调查,并无一例外都对董事和高级管理人员的准入设置了极高的标准。

从实际操作角度分析,不论是三个版本的《巴塞尔协议》,还是世界各国和地区监管机构所单独制定的规章条例,在高级管理人员准入限制的规定上大多只是一些原则性的条款,直接量化的操作性条款并不多。实践中在审查银行董事和高级管理人员是否具备资格时,更多依靠的是监管机构的主观判断。例如,美国监管部门会要求审查银行发起人和管理层候选人是否曾从事违法行为等个人信用记录。这其中,并未明确规定何种行为属于"不道德的行为"。在审查首席执行官人选时,会要求"人品和信誉无可指责"。在何种情形下是"无可指责"的,也没有明确说明。香港金融管理局在考查申请人管理层人选时,审查内容也包括"该名人士的诚信,包括其声誉和人格",这也是无法实际量化判断的。总的来说,只有诸如专业资质、过往从业经验、是否有非法行为这些内容是可以被量化规定在具体条款中的,也就是俗称的"硬杠杠"。但声誉、人格、个人道德、勤勉程度这些内容就只能依靠监管机构的主观判断,世界各国和地区都不例外。

三、我国法规政策相关要求

《关于促进民营银行发展的指导意见》在"准入条件"部分规定,民营银行应有具备任职所需专业知识和业务工作经验的董事、高级管理人员和熟悉银行业务的合格工作人员。《市场准入实施细则》也明确民营银行应"具备合格的董事、高管人才等"。我国对银行董事会和高级管理人员任职管理的规定过往散见于监管机构的各项规定中,银监会在 2013 年 11 月 27 日发布《银行业金融机构董事(理事)和高级管理人员任职资格管理办法》,全文共 8 章 53 条,这是我国目前最全面的有关商业银行高级从业人员的任职管理规定。

四、实践中需关注的要点

实践中,首先是严格董事、高级管理人员的任职资格管理。民营银行董事会、高级管理层应当由具有良好专业背景、业务技能、职业操守和从业经验的人员组成。其中，董事会作为经营决策层，在其成员的选择上除了学历、从业年限、无违法违规行为等硬指标，还应当注重对个人人品、职业道德、社会声誉、经营理念等方面的考察，尤其需关注其是否具备合规审慎的经营意识。而高级管理层作为决策执行层，其成员除了具备相应的专业背景、从业经验外，还需考察其对董事会制定批准的发展战略、风险偏好及其他各项政策的认同度。其次是明确董事、高级管理人员的管理责任，建议在公司章程中明确：董事、高级管理人员违反对银行的勤勉、忠实义务所得的收入应当归银行所有，其执行职务时违反法律、行政法规或者章程的规定，给银行造成损失的，应当承担赔偿责任。

第四章

民营银行事中持续监管

《促进民营银行发展的指导意见》在"加强监管"部分明确要求，监管部门要加快转变职能，明确监管责任，形成规制统一、权责明晰、运转协调、安全高效的民营银行监管体系，为民营银行稳健发展提供保障。事中持续监管是民营银行监管制度框架的主体部分，包括对主要股东的监管和对民营银行的监管两部分内容。

第一节 民营银行主要股东持续监管

一、民营银行股东特殊监管措施的必要性

（一）股东在民营银行公司治理和运行中的终极权力地位

在现代公司治理架构中，股东会是一般意义上的公司最高权力机关和决策机构，是公司基本结构的缔造者、重大决策的作出者，也是董事、监管和高级管理人员的决定者。因此，股东会对于民营银行经营决策是否科学合理、能否组建优秀的运营团队、能否安全稳健运营起决定性作用。对股东行为进行必要的约束与监管，给股东施加合理的义务，是民营银行可持续发展并有效规避风险的必要条件。

(二) 民营银行股东设立信用社的不良记录及正规金融实践经验匮乏

新中国成立后,民间资本虽然大量、频繁地从事民间金融活动,但从未成为银行业主导力量,几乎没有发起设立和运作银行的经验(民生银行除外)。与国有资本和外资相比,民间资本抗风险能力差、资本实力不稳定、容易盲目追求利润最大化而忽略银行经营的稳健性要求导致银行风险不断累积乃至爆发,因此需要监管者给予特别关注。

(三) 民营银行股东有关联交易的强烈动机

民间资本家投资入股乃至控股银行,其目的无外乎以下几项:一是分享银行业务经营的利润;二是以小博大,控股银行后将银行作为自己的提款机,通过关联贷款等途径,使银行成为自己最大的周转资金来源;三是控股银行后运作上市圈钱。[①] 上述动机中,以关联贷款动机最直接、最易发。在当前民营企业融资需求强烈、融资渠道狭窄、融资难度大的背景下,上述想法不难理解。但银行关联贷款一旦失控,会严重损害存款人利益,负外部性巨大。因此,尤其需要对关联贷款进行有效监管。

(四) 民营银行股东信息不对称引发风险

要建立并维护市场和社会公众对民营银行的信心,充分、及时的信息披露是必要的环节,包括股东信息的公开。在当前各类型企业中,法律仅对上市公司规定了依法、及时公开经营业绩和重大事项的义务,由此民营银行投资者中非上市公司投资者在入股民营银行之后,其经营状况、重大事项的发生及其影响外界无从获悉,可能会影响公众对民营银行的信心,甚至引发恐慌和危机。因此,法律需要对民营银行股东的信息公开披露做出必要的特别规定。

---

① 高达:《我国民营企业股东的特殊法律规制》,《法治社会》2016 年第 2 期。

二、主要股东监管措施

2016年底公布的《关于民营银行监管的指导意见》总结试点期间对五家民营银行采取的监管要求和做法，提出了加强股东监管的六项措施。

（一）股东资质管理

一是要求民营银行的股东应当按照相关监管要求，出具入股资金来源声明、实际控制人情况声明以及股东（大）会或董事会的书面承诺等。目前根据准入监管要求，民营银行股东均为民营法人企业。二是进一步穿透公司面纱，对民营银行股东的自然人实际控制人进一步提出要求。包括该实际控制人应承诺其是中国境内公民且不持有其他国家或地区的国籍、永久居留权及类似身份。

（二）承担剩余风险

《关于民营银行监管的指导意见》要求民营银行应当在银行章程或协议中载明股东承担剩余风险的制度安排，推动股东为银行增信，落实股东在银行处置过程中的责任。

有承担剩余风险的制度安排是允许民间资本发起设立民营银行的重要前提，其实质是对主要股东赋予的超越有限责任之上的限制加重义务。从试点情况看，首批五家民营银行的主要股东分别在《发起人协议》和《公司章程》中明确了风险自担的内涵。如华瑞银行自担风险承诺包括持续补充资本、对银行进行流动性救助、配合实施恢复和处置计划，在存款保险制度出台前，在出资额1倍范围内对50万元以下的小额储蓄存款进行赔付等。但该承诺附有条件，即存款保险出台后，按照届时有效的法律法规要求承担保证责任。金城银行的承诺更为严格，当金城银行以其自有资产承担责任后仍存在未清偿债务时，股东应当以其自有资产为天津金城银行对存款人及其他债权人的债务承担连带清偿责任，当股东的资产仍不足以追偿债务时，则由股东的控股股东或/及实际控制人（受益人）以其财产承担连带清偿责任。上述承诺明确界定了股东两个层级无限连带责任的法律属性，但责任范围并不清晰。网商银行规定，在存款保险制度实施前，股东（或各股东的母公司或实际控制人）按照持股比例承担个人存款人的部分剩余风险，即对单户个人存款人在最高不超过 20 万元的限额内先行赔付。在存款保险制度实施后，当网商银行出现资不抵债、面临破产的情况时，按存款保险制度规定流程进行处置。

从提升监管公平性的角度看，一方面应当提升"风险自担"的立法层级，另一方面需要就"风险自担"的内涵与责任范围统一监管标准。尤其是股东在处置过程中的责任，应当在综合考虑股东、人民银行、存款保险机构、银监机构和地方政府在处置过程中责任的基础上，做出统一规定。否则，难以公平落实股东在银行处置中的责任。

（三）股东接受监管

从责任主体而言，一是要求民营银行在章程或协议中载明，股东自愿接受监管的相关条款，包括但不限于股东报送信息和接受延伸监管。由于银监部门直接对银行股东施加监管措施的效力存在不确定性，因此将股东自愿接受监管的条款列入章程可以提升股东接受监管承诺的有效性。同时概括性设定了股东报送信息和接受延伸监管的义务。二是民营银行股东报送信息的路径和具体内容要求。就路径而言，明确系通过持股的民营银行向注册地所属银监局报送；就内容而言，包括下列信息：经审计的企业年度财务会计报告；企业注册资本变更和分立合并事项；5%（含）以上股权变更、实际控制方变更和引进战略投资者等情况；关联方变更情况；重大诉讼、纠纷和重大风险隐患、重大经营变化事项；银监会要求报送的其他信息。

（四）股东履约评估

股东按监管要求做出承诺后，需要通过定期评估和再评估检验其承诺的真实性和有效性。《指导意见》要求，民营银行董事会应当至少每年对股东履行承诺情况和落实银行章程或协议条款的情况进行自我评估,并及时将评估报告(附法律意见书)报送属地银监局。属地银监局应当定期对民营银行自我评估情况进行再评估,并以此作为采取监管措施的依据。

(五)股东信息披露

《指导意见》要求,民营银行应当将股东声明、承诺事项及股东履约情况作为重大事项纳入信息披露范围,以此加强对民营银行的市场约束,切实提高透明度。

(六)严格监管问责

《关于民营银行监管的指导意见》一是授权银监会及其派出机构可以根据审慎监管需要,依法对民营银行股东采取相关监管措施,包括但不限于要求股东及其法定代表人、实际控制人对有关情况作出说明,或提交有关文件、资料等。二是对民营银行股东未履约或存在其他不当行为,导致民营银行违反审慎经营规则的,授权银监会及其派出机构应当依据《银行业监督管理法》第三十七条规定采取相应监管措施并将股东相关情况列入不良记录管理。[①]

总的看来,落实上述监管要求意味着民营银行的股东将承担剩余风险和接受更多的延伸监管措施,有利于督促股东更多地参与公司治理,形成有效的责任约束机制。

[①] 《银监法》第三十七条规定,银行业金融机构违反审慎经营规则的,国务院银行业监督管理机构或者其省一级派出机构应当责令限期改正;逾期未改正的,或者其行为严重危及该银行业金融机构的稳健运行、损害存款人和其他客户合法权益的,经国务院银行业监督管理机构或者其省一级派出机构负责人批准,可以区别情形,采取下列措施:a. 责令暂停部分业务、停止批准开办新业务;b. 限制分配红利和其他收入;c. 限制资产转让;d. 责令控股股东转让股权或者限制有关股东的权利;e. 责令调整董事、高级管理人员或者限制其权利;f. 停止批准增设分支机构。

第二节 民营银行监管措施

对民营银行监管应把握两点原则：一是要满足现有的审慎监管要求；二是将"自担风险"原则落实到位，切实保护存款人利益。发起股东在银行资本金承担损失之外，通过流动性救助、持续补充资本等方式，将经营失败对社会的负面影响降至最低。落实审慎经营规则是民营银行持续监管措施的核心和基础。主要包括以下几个方面：

一、公司治理

完善的公司治理是实现民营银行稳健经营和保护存款人利益的重要前提。《关于民营银行监管的指导意见》一是要求民营银行应当加强自我约束，完善公司治理和内控体系，建立符合发展战略和风险管理需要的公司治理架构，建立健全股东大会、董事会、监事会制度，明晰职责和议事规则。二是要求提高董事会履职能力，董事会应当勤勉尽责、诚实守信，并承担银行经营和管理的最终责任。

为落实上述要求，应要求民营银行严格按照银监会《商业银行公司治理指引》要求，合理设定股东大会、董事会、监事会、高级管理层、股东及其他利益相关者之间的相互关系。同时，要针对民营银行自身股权结构和经营特点，设定差异化措施：一是为防止主发起人一股独大，董事会中独立董事数量不低于半数席位，监事会中外部监事数量需超过 1/3 席位。二是在董事会层面设立危机管理委员会，负责行内危机预警和处置，制定恢复与处置计划并接受监管层定期审查，有效监督高管层实施；在董事会层面设立关联交易控制委员会，负责关联交易管理，控制关联交易风险，需由独立董事担任负责人。三是防止主发起人对银行经营过多干预，市场化招聘银行高管人员，并设立首席风险官、财务官、合规官、审计官、技术官等强化条线管理能力，高管人员需满足监管机构的相应任职资格要求。四是将上述要求及核心审慎监管指标要求写入《公司章程》，使其具备法律约束力。五是绩效考核体系要充分体现保护存款人利益和其他利益相关者合法权益的原则，将审慎监管指标要求纳入银行各层级绩效考核之中。六是更注重与董事会、监事会的信息沟通，通过召集董监事专业委员会传导监管信息、个别访谈董事和监事、不定期参加董监事会等形式，掌握民营银行真实风险状况，提升监管有效性。七是鼓励民营银行制定更高的信息披露标准，向公众定期披露经具备国际公信力的会计师事务所审计的财务报告，提升公众对民营银行的信任度，并发挥市场约束的作用。

二、关联交易管理

2004年《商业银行与内部人和股东关联交易管理办法》规定，商业银行对一个关联方的授信余额不得超过商业银行资本净额的10%。商业银行对一个关联法人或其他组织所在集团客户的授信余额总数不得超过商业银行资本净额的15%。商业银行对全部关联方的授信余额不得超过商业银行资本净额的50%。2015年《关于民营银行发展的指导意见》已经对关联交易进行了原则性的规定，要求民营银行加强关联交易管理，严格控制关联授信余额，防范不当关联交易风险。作为对已有监管规定的重申和贯彻，《关于民营银行监管的指导意见》进一步强化了关联交易的相关规定：一是要求民营银行应当加强关联交易管理，严格控制关联授信余额，严禁违规关联交易。二是进一步鼓励民营银行在章程或协议中载明，主要股东但不限于主要股东及其关联方不从本行获得关联授信。三是要求民营银行董事会应当设立单独的关联交易控制委员会，负责关联交易的管理、审查和批准。这意味着今后关联交易管理将成为民营银行事中审慎监管的重点，为了防止大股东通过关联交易获得融资，将严格限制主要股东与关联方之间的关联授信。

围绕加强民营银行关联交易管理，可以从多个路径入手：

（一）完善关联交易法律制度

1. 修改《公司法》，明确关联交易的法律内涵

一是增加对"关联交易"内涵的法律界定，为下位法和监管规则提供上位法依据。力求在统一的内涵下，有效构筑各行业关联交易的外延。二是补充表决回避制度，将其拓展到适用于所有公司类型、所有有利益冲突的当事人，即排除关联股东、董事分别在股东大会、董事会上对所涉关联交易事项的表决权，包括排除关联监事对所涉及关联交易事项的监督权。三是细化公司法人人格否认制度的适用规则，可以采用最高法院司法解释的形式出台详细、具有可操作性的规则。

2. 修改出台统一的《商业银行关联交易管理办法》

结合当前银行业金融机构关联交易实际，汲取现有规定中可适用于商业银行关联交易的精髓，整合、更新、修订《商业银行关联交易管理办法》。

（二）健全民营银行公司治理结构

法学意义上对公司治理结构的设计，不仅是各组织机构的设置和权力构造模式，更加着眼于各主体间权利的分配、义务的履行、责任的匹配、利益的激励和约束，特别强调制衡下的风险控制。为此，一是要合理配置，形成相对集中、适度分散的股权结构。二是健全民营银行内部制衡机制。三是完善激励和约束机制。对于股东，要求关联股东在民营银行的授信余额以其股本为限，主导关联交易致损后必须严格承担法律责任。对于董事和监事，规定正当履行监督民营银行关联交易职责时基本的固定金额薪酬激励；若审查监督关联交易时发现问题并及时指出，帮助民营银行避免了损失，维护了利益相关者权益，可按标的额给予积极作为的董事和监事一定比例的绩效激励或股权激励；同样，若在审查监督关联交易时违反忠实勤勉义务，给民营银行造成损失的，应共同承担对银行、中小股东、债权人受损相应的赔偿责任，并取消其继续担任董事、监事的资格。对于高级管理层，若明知是不正当的关联交易及其后果，仍经手执行的，取消其高管资格，造成损失的还应共同承担赔偿责任。此外，可考虑对检举揭发银行内部不当关联交易的职工设立专门的奖励基金。四是细化章程相关规定，严格自我约束。章程作为内部自我约束的基本规范，还应结合民营银行的特点和各自的实际，体现相关法律法规的强制要求，并细化有关本行关联交易的规定，使其更为明确、严苛和可操作。应当在章程中制定关联交易管理制度，建立关联交易控制委员会，规定对关联方信息的收集与管理，明确本行关联交易的种类、定价和审批程序，增加内部审计监督，规定股本锁定期，规定在本行的授信余额不得超过其持有的股权净值，对股东关联交易的种类、授信金额和比例进行更为严苛的限制等。

（三）加大对民营银行关联交易的监管力度

除了在准入环节强化民营银行股东准入监管之外，在持续监管环节要严格监管关联交易行为。一是积极开展现场检查。着重检查民营银行关联交易的合规性和风险点。如检查民营银行是否制定了有效可行的关联交易管理制度、是否严格按照制度进行关联交易审批和风险管理、关联交易是否遵循不优于非关联方同类交易条件的商业原则、是否有违规违法的关联交易、是否对外披露了相关信息、关联交易是否形成不良贷款或者造成其他损失等。二是加强非现场监管。民营银行中的民营股东众多且关系复杂，为及时更新关联关系和准确识别关联交易，民营银行有必要建立关联交易管理系统，实行自动筛选和提取、准确识别和分类，并能及时更新，主动将形成的关联交易数据和情况向监管部门进行报告和备案。

（四）实行关联交易强制信息披露和报告制度

民营银行对关联交易进行信息披露，能够降低中小股东、债权人等利益相关者与关联交易主体之间的信息不对称程度，从而更积极地维护自身合法权益，同时又能发挥更广泛的市场主体和社会公众的监督作用，内外施压共同敦促民营银行依法合规进行关联交易，自觉控制风险。民营银行对关联交易情况进行信息披露，包括在交易进行前

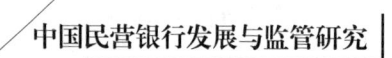

向股东会、董事会说明交易情况并请求按程序审批,以及在交易进行后按法律规定向社会公众公开交易相关情况。

(五) 对关联交易受害人提供救济

关联交易合同效力的认定是相关利益主体进行权利救济的前提,这也是法律规制关联交易应解决的首要问题。民营银行关联交易可能损害银行、中小股东、债权人等利益相关者的权益。作为不公平关联交易合同一方当事人的民营银行,可基于合同相对性原理,请求撤销不公平关联交易合同,使交易归于无效,从而请求恢复原状,维护银行本身利益。

(六) 强化民营银行违法违规关联交易行为的法律责任追究

当前对银行违规违法关联交易法律责任的规定较少、较轻,与银行关联方通过交易攫取的高额利益不相匹配,违法成本明显偏低。特别是在民营银行发展初期,更应有力遏制不公平关联交易的发生,控制关联交易风险,适当加重对民营银行违规违法关联交易的处罚责任,并形成完整的法律责任体系。在民事责任方面,可考虑引进国外的诚信义务原则和归附制度,视不同情形要求控股股东补充资本金;股东、董事、监事和高管人员对受损主体进行赔偿和补偿;所获利益归入银行利益。在行政责任方面,可考虑如下处罚措施:警告;罚款;没收违法所得;暂停银行部分业务;停止批准开办新业务或者新增分支机构;撤销金融许可证;限制股东分配红利或其他收入;责令控股股东转让股权或限制有关股东的权利;责令调整关联董事、高级管理人员或者限制其权利;取消高级管理人员任职资格或者禁止银行从业等。在刑事责任方面,在民商法和行政法上补充援引性规定,对从事重大关联交易造成严重危害涉嫌犯罪的,应当移交司法机关追究其刑事责任。

三、风险管理

《关于民营银行监管的指导意见》规定,民营银行应当加强风险管理,科学设定风险偏好,完善风险管理政策及程序,提高全面风险管理水平,有效防范各类风险。

为落实上述要求,根据《银行业金融机构全面风险管理指引》的要求,对民营银行而言,应落实如下要求:

(一)科学设定风险偏好

具体而言,一是应当制定书面的风险偏好,做到定性指标和定量指标并重。风险偏好的设定应当与战略目标、经营计划、资本规划、绩效考评和薪酬机制衔接,在机构内传达并执行,且每年对风险偏好至少进行一次评估。二是明确风险偏好应当包括的内容:①战略目标和经营计划的制定依据,风险偏好与战略目标、经营计划的关联性。②为实现战略目标和经营计划愿意承担的风险总量。③愿意承担的各类风险的最大水平。④风险偏好的定量指标,包括利润、风险、资本、流动性以及其他相关指标的目标值或目标区间。上述定量指标通过风险限额、经营计划、绩效考评等方式传导至业务条线、分支机构、附属机构。⑤对不能定量的风险偏好的定性描述,包括承担此类风险的原因、采取的管理措施。⑥资本、流动性抵御总体风险和各类风险的水平。⑦可能导致偏离风险偏好目标的情形和处置方法。三是明确董事会、高级管理层和首席风险官、业务条线、风险部门在制定和实施风险偏好过程中的职责。四是应当建立监测分析各业务条线、分支机构、附属机构执行风险偏好的机制。当风险偏好目标被突破时,应当及时分析原因,制定解决方案并实施。五是应当建立风险偏好的调整制度。根据业务规模、复杂程度、风险状况的变化,对风险偏好进行调整。

(二) 完善风险管理政策和程序

1. 民营银行风险管理政策和程序应包括以下内容

①全面风险管理的方法，包括各类风险的识别、计量、评估、监测、报告、控制或缓释，风险加总的方法和程序；②风险定性管理和定量管理的方法；③风险管理报告；④压力测试安排；⑤新产品、重大业务和机构变更的风险评估；⑥资本和流动性充足情况评估；⑦应急计划和恢复计划。

2. 明确风险管理流程

民营银行应当在集团和法人层面对各附属机构、分支机构、业务条线，对表内和表外、境内和境外、本币和外币业务涉及的各类风险，进行识别、计量、评估、监测、报告、控制或缓释。

3. 各项业务风险管理全覆盖原则

民营银行应当制定每项业务对应的风险管理政策和程序。未制定的，不得开展该项业务。

4. 民营银行应当有效评估和管理各类风险

对能够量化的风险，应当通过风险计量技术，加强对相关风险的计量、控制、缓释；对难以量化的风险，应当建立风险识别、评估、控制和报告机制，确保相关风险得到有效管理。

5. 风险管理报告制度

民营银行应当建立全面风险管理报告制度，明确报告的内容、频率和路线。报告内容至少包括总体风险和各类风险的整体状况；风险管理策略、风险偏好和风险限额的执行情况；风险在行业、地区、客户、产品等维度的分布；资本和流动性抵御风险的能力。

6. 完善压力测试

民营银行应当建立压力测试体系，明确压力测试的治理结构、政策文档、方法流程、情景设计、保障支持、验证评估以及压力测试结果运用。民营银行应当定期开展压力测试。压力测试的开展应当覆盖各类风险和表内外主要业务领域，并考虑各类风险之间的相互影响。压力测试结果应当运用于民营银行的风险管理和各项经营管理决策中。

（三）提高风险管理针对性和有效性

从试点银行调研的情况看，当前民营银行运营中的风险防控压力逐步凸显。一是贷款仅占总资产的不足30%，投资类资产占比远高于贷款，对小微企业等实体经济的支持力度有待加强，同时部分收益较高的非标投资风险隐患值得关注。二是通过互联网发放的小额贷款，具有额度低、客户分散、贷款用途难以监测等特点，对银行预防和处置欺诈风险、防控信息科技风险提出更高要求。三是需要关注微众、网商等网络银行24小时不间断运营模式可能带来的流动性错配风险。民营银行全面风险管理体系的建设，应以增强风险管理的针对性为前提，提高风险管理有效性。

四、资本监管

2015年《促进民营银行发展的指导意见》规定，民营银行注册资本要求遵从城市商业银行有关法律法规规定。根据《商业银行法》第13条规定，设立城市商业银行的注册资本最低限额为1亿元。注册资本应为实缴资本。但银监会在准入实践中根据经济社会发展变化提高了相关要求，设立民间银行注册资本需要达到20亿元。同时，对于投资入股银行业金融机构的民营企业需要满足：最近3个会计年度连续盈利，年终分配后净资产达到总资产30%以上，权益性投资余额不超过净资产50%等条件。除了继续遵照和执行以上关于注册资本和净资产的要求外，《关于民营银行监管的指导意见》进一步强化了资本管理要求，民营银行应当加强资本管理，强化资本约束，建立可持续的资本补充机制，确保资本水平持续满足监管要求，充分抵御各类风险。这意味着，银监会对民营银行股东资质的评估，除了其他方面的要求，在资本方面，已从简单一次性的设立行为过渡到了对未来经营过程中"可持续的资本补充机制"和"资本水平持续满足监管要求"的考量。根据《资本管理办法（试行）》的要求，民营银行核心一级资本充足率不得低于5%，一级资本充足率不得低于6%，总资本充足率不得低于 10.5%。

五、股权管理

《关于加强商业银行股权质押管理的通知》（银监发〔2013〕43号）规定，拥有本行董、监事席位的股东，或直接、间接、共同持有或控制本行2%以上股份或表决权的股东出质本行股份，事前须向本行董事会申请备案，说明出质的原因、股权数额、质押期限、质押权人等基本情况。同时，银行业监督管理机构有权根据以下情形对银行造成的风险影响采取相应的监管措施：①银行被质押股权达到或超过全部股权的20%；②主要股东质押本行股权数量达到或超过其持有本行股权的50%；③银行被质押股权涉及冻结、依法拍卖、依法限制表决权或者受到其他权利限制。与上述规定相比，《指导意见》对民营银行的规定更为严格，其直接禁止股东利用所持有的股份进行抵质押，鼓励民营银行在银行章程或协议中载明，主要股东但不限于主要股东不以持有的本行股权为自己或他人担保（含股权质押）。为了进一步强化股权管理，《指导意见》还规定，民营银行应当加强股权管理，规范股东持股行为，在条件成熟时将股权集中托管到符合资质的托管机构。

六、量化触发监管指标体系

考虑到民营银行的特点，建议银监部门从现有46个非现场监管指标中，选取资本充足率、拨备覆盖率等关键监管指标，设置更加审慎的量化触发标准，区分监管值①（监管底线）、触发值②（预警值）、

---

① 监管值：监管值为监管指标的底线值，要求民营银行在任何时点不得突破。突破监管值需采取监管强制措施纠正与处置。

② 触发值：预警触发值为监管值的缓冲，达到触发值需采取下发监管意见、审慎会谈等方式要求银行采取有效措施限期改善指标，并提升现场检查频率。

关注值①，并事先确定监管指标突破相应值后采取风险对冲、资本补充和机构重组等措施。民营银行也需要针对不同的指标值区间事先制定相应的内部应对措施。

（一）资本充足率及杠杆率指标

资本充足率的监管值、触发值、关注值分别为 11.5%、12%、13%。根据《商业银行资本管理办法》相关要求，资本充足率包括最低资本要求 8%、储备资本 2.5%，参照系统重要性银行附加资本 1%的要求，即以上三项合计 11.5%，其中储备资本和系统重要性银行附加资本要求均由核心一级资本来满足。由于新设民营银行资本压力较小，可不考虑资本充足率监管要求的过渡期因素。同样，确定一级资本充足率的监管值、触发值、关注值分别为 8.5%、9%、10%，核心资本充足率的监管值、触发值、关注值分别为 7.5%、8%、9%。

杠杆率的监管值、触发值、关注值分别为 4%、5%、6%。《商业银行杠杆率管理办法》规定，商业银行并表和未并表的杠杆率均不得低于 4%，系统重要性银行应当于 2013 年底前达到最低杠杆率要求。2012 年末数据显示，目前银行业的整体杠杆率维持在 15 倍左右，即对应 6%左右的杠杆率水平。民营银行自成立之日起即应达到上述的杠杆率监管要求，以一级资本 10 亿元计算，其总资产规模仅相当于小型城商行水平，不会对金融体系产生较大冲击。

---

① 关注值：监管指标达到关注值，需要提示银行高管层和监管人员密切关注指标变化，制定相应措施防止监管指标进一步恶化。

表 4-1　民营银行资本充足率及杠杆率监管指标区间设计

指标名称	指标类型	危险区 监管值	危险区 监管措施	预警区 触发值	预警区 监管措施	关注区 关注值	关注区 监管措施
资本充足率	正向	11.50%	1. 要求大幅降低风险资产的规模 2. 责令停办一切高风险资产业务 3. 限制或禁止增设新机构、开办新业务 4. 强制要求商业银行将符合条件的二级资本工具进行核销或转为普通股 5. 责令商业银行调整董事、高级管理人员或限制其权利 6. 依法对商业银行实行接管或者促成机构重组，直至予以撤销 7. 强制发起股东履行资本补充承诺	12.00%	1. 召开与商业银行董事会、高级管理层的审慎性会谈 2. 下发监管意见书，监管意见书包括：商业银行资本充足管理存在的问题、将采取的纠正措施、限期达标意见等 3. 要求商业银行制定切实可行的资本补充计划和限期达标计划 4. 增加对商业银行资本充足的监督检查频率 5. 要求商业银行对特定风险领域采取风险缓释措施 6. 下发监管意见，履行资本补充承诺	13.00%	1. 要求商业银行加强对资本充足率水平下降原因进行分析及预测 2. 要求商业银行制定切实可行的资本维持计划 3. 要求商业银行提高风险控制能力
一级资本充足率	正向	8.50%		9.00%		10.00%	
核心一级资本充足率	正向	7.50%		8.00%		9.00%	

续表

指标名称	指标类型	危险区 监管值	危险区 监管措施	预警区 触发值	预警区 监管措施	关注区 关注值	关注区 监管措施
杠杆率	正向	4.00%	1. 要求商业银行限期补充一级资本 2. 要求商业银行控制表内外资产增长速度 3. 要求商业银行降低表内外资产规模。逾期未改正，或损害存款人和其他客户的合法权益，将采取： （1）责令暂停部分业务、停止批准开办新业务 （2）限制分配红利和其他收入 （3）停止批准增设分支机构 （4）责令控股股东转让股权或者限制有关股东的权利 （5）责令调整董事、高级管理人员或者限制其权利 （6）法律规定的其他措施，依法对商业银行给予行政处罚	5.00%	1. 召开与商业银行董事会、高级管理层的审慎性会谈 2. 下发监管意见书，监管意见书包括：商业银行一级资本管理、表内外资产规模扩张等方面存在的问题、将采取的纠正措施、限期达标意见等 3. 要求商业银行制定切实可行的一级资本补充计划和限期达标计划 4. 增加对商业银行资本充足的监督检查频率	6.00%	1. 要求商业银行加强对杠杆率下降原因进行分析及预测 2. 要求商业银行制定切实可行的提高杠杆率计划 3. 要求商业银行提高风险控制能力

注：主要监管依据：《商业银行资本管理办法（试行）》《商业银行杠杆率管理办法》《关于实施〈商业银行资本管理办法（试行）〉过渡期安排有关问题的通知》。

（二）信用风险指标

不良贷款率的监管值、触发值、关注值分别为 5%、3%、2%，不良资产率的监管值、触发值、关注值分别为 4%、2%、1.5%。鉴于民营银行以服务中小微企业为主，不良贷款率关注值可适当高于辖内银行业该指标平均值，上海辖内 2013 年末不良贷款率平均水平为 0.8%，选取关注值为 2%，可随辖内平均指标值变化动态调整。

单一集团客户授信集中度的监管值、触发值、关注值分别为 15%、13%、12%。民营银行的发起股东和主要客户以民营企业为主，需要提升银行对企业集团客户的识别判断和授信业务风险管理能力，确保单一集团客户授信集中度指标的真实性。

全部关联方授信比率的监管值、触发值、关注值分别为 50%、45%、40%。鉴于民营银行的股权特点，需高度关注内部人和关联方的关联交易。

拨备覆盖率的监管值、触发值、关注值分别为 150%、180%、200%。其中，触发值 180% 为 2013 年上市银行最低拨备覆盖率水平，关注值 200% 为上市银行较低拨备覆盖率水平，民营银行作为自担风险的新设银行，可参考上市银行指标值作为标准。

表 4-2　民营银行信用风险指标区间设计

指标名称	指标类型	危险区 监管值	危险区 监管措施	预警区 触发值	预警区 监管措施	关注区 关注值	关注区 监管措施
不良贷款率	逆向	5.00%	1. 限制开展高风险资产业务 2. 要求银行及股东限期履行不良贷款处置承诺，必要时要求股东履行承诺补充资本核销不良贷款（资产） 3. 责令银行对不良贷款（资产）责任认定，视责任而定对直接负责的董事、高级管理人员和其他直接责任人员给予纪律处分、取消任职资格、市场禁入、行政处罚、移交司法机关等相应处分	3.00%	1. 召开与商业银行董事会、高级管理层的审慎性会谈 2. 下发监管提示，包括对不良贷款（资产）上升反映的问题、将采取的纠正措施、限期达标意见等 3. 要求银行制定并严格执行不良贷款（资产）管控、准备金计提、核销处置的计划 4. 增加对商业银行资产质量的检查频率	2.00%	1. 要求对不良率上升的原因进行分析及预测，展开前瞻性压力测试有效预测 2. 要求银行制定切实可行的控制不良贷款（资产）和处置核销的计划 3. 要求商业银行提高风险控制能力
不良资产率	逆向	4.00%		2.00%		1.50%	

续表

指标名称	指标类型	危险区 监管值	危险区 监管措施	预警区 触发值	预警区 监管措施	关注区 关注值	关注区 监管措施
单一集团客户授信集中度	逆向	15.00%	1. 责令限期压降指标，停止向超标集团客户发放贷款 2. 启动专项调查，如违反审慎经营，对银行和直接负责的董事、高级管理人员和其他直接责任人员给予纪律处分、取消任职资格、市场禁入、行政处罚、移交司法机关等处分	13.00%	1. 约谈并下发监管提示，要求落实防止集中度指标超标的可行性计划并定期报送 2. 跟踪银行提高对集团客户的识别和授信业务风险控制的举措 3. 增加对商业银行资产质量的检查频率	12.00%	1. 要求对集中度指标进行分析及预测 2. 制定防止集中度指标超标的可行性计划 3. 要求商业银行提高对集团客户的识别和授信业务风险的控制能力

续表

指标名称	指标类型	危险区 监管值	危险区 监管措施	预警区 触发值	预警区 监管措施	关注区 关注值	关注区 监管措施
全部关联度	逆向	50.00%	1. 责令限期压降指标，暂停一切关联授信 2. 如股东通过向商业银行施加影响，迫使银行降低指标超限额，可以区别不同情况限制该股东的权利；对情节严重的控股股东，可以责令其转让股权 3. 启动专项调查，如违反审慎经营，对银行和直接负责的董事、高级管理人员和其他直接责任人员给予纪律处分、取消任职资格、市场禁入、行政处罚、移交司法机关等处分	45.00%	1. 约谈并下发监管提示，要求落实防范关联交易风险的可行性计划 2. 定期跟踪银行提升关联交易管理能力的举措 3. 增加对商业银行关联交易的检查频率	40.00%	1. 要求对关联度指标进行分析及预测 2. 制定防止关联度指标超标的可行性计划 3. 要求商业银行提高对内部人和股东关联交易的管理能力

续表

指标名称	指标类型	危险区 监管值	危险区 监管措施	预警区 触发值	预警区 监管措施	关注区 关注值	关注区 监管措施
拨备覆盖率	正向	150.00%	1. 责令限期整改，如未完成限期整改，采取相应监管强制措施； 2. 以弄虚作假手段达到监管标准的，责令其限期整改，并按照银监法相关规定实施行政处罚	180.00%	1. 召开与商业银行董事会、高级管理层的审慎性会谈 2. 下发监管提示，包括对拨备覆盖率下降反映的问题、将采取的纠正措施、限期达标意见等 3. 要求银行制定并严格执行提足拨备的计划 4. 增加对商业银行资产质量的检查频率	200.00%	1. 要求对拨备覆盖率下降原因进行分析及预测 2. 要求银行制定切实可行的提足拨备计划 3. 要求商业银行提高风险控制能力

注：主要监管依据：《商业银行风险监管核心指标（试行）》《中国银监会关于中国银行业实施新监管标准的指导意见》《商业银行贷款损失准备管理办法》《商业银行与内部人和股东关联交易管理办法》《商业银行集团客户授信业务风险管理指引》《中国银监会关于进一步做好小微企业金融服务工作的指导意见》。

（三）流动性指标

从国内外经验来看，流动性风险是可能导致银行经营中断、破产倒闭的最大风险。需要民营银行发起股东事先作出流动性救助书面承诺，当达到触发值且银行无法通过自身解决流动性问题时，即启动股东流动性救助程序。

流动性比例的监管值、触发值、关注值分别为25%、32%、38%，高于其他银行业金融机构 25% 的监管要求，还应关注月度最低流动性比例、本月平均流动性比例。2013 年全国商业银行流动性比例平均水平在 40% 以上，香港金管局对辖内新开银行"流动性资产比率"（类似于流动性比例）窗口指导值定为 35% 左右，在此选取 38% 作为民营银行流动性比例指标关注值较为合理。

流动性覆盖率（LCR）和净稳定资金比例（NSFR）的监管值为 100%，可不考虑指标达标的过渡期因素。由于流动性覆盖率指标已假定商业银行在严重流动性压力情景下，能够保持充足的、无变现障碍的优质流动性资产，并通过变现这些资产来满足未来 30 日的流动性需求；净稳定资金比例的分母项（可用的稳定资金）也考虑商业银行在持续压力情景下 1 年内都可作为稳定资金来源的权益类和负债类资金，因而，对于 LCR 和 NSFR 指标，监管者应更多关注商业银行的压力情景的假设和判断。

表 4-3 民营银行流动性指标区间设计

指标名称	指标类型	危险区 监管值	危险区 监管措施	预警区 触发值	预警区 监管措施	关注区 关注值	关注区 监管措施
流动性比例	正向	25.00%	1. 启动流动性应急计划 2. 启动股东流动性救助计划，股东承担连带兑付义务 3. 向人民银行申请再贷款资金支持 4. 监管机构启动更换高管、接管机构、机构重组等措施开展风险处置	32.00%	1. 召开与商业银行董事会、高级管理层的审慎性会谈 2. 下发风险提示，启动流动性应急演练，限期整改 3. 责令停止资金融出和授信，要求商业银行增加优质流动性资产储备 4. 限制商业银行开展收购或其他大规模业务扩张活动	38.00%	1. 要求银行按日监测流动性比例指标 2. 提高流动性压力测试频率，有效预测流动性趋势，基于压力测试结果优化流动性应急计划 3. 增加流动性风险管理报告的频率和内容

续表

指标名称	指标类型	危险区 监管值	危险区 监管措施	预警区 触发值	预警区 监管措施	关注区 关注值	关注区 监管措施
流动性覆盖率	正向	100.00%	1. 结合流动性比例、存贷比指标综合决定采取的监管措施 2. 丰富优质流动性资产池		1. 关注银行短期（30天）和长期（1年）压力情景的设置是否合理、全面，是否满足监管要求 2. 关注银行流动性预警指标体系的有效性		
净稳定资金比例	正向	100.00%	1. 结合流动性比例、存贷比指标综合决定采取的监管措施 2. 增加长期稳定资金来源				

注：主要监管依据：《商业银行流动性管理办法（试行）》（征求意见稿）、巴塞尔银行监管委员会《流动性风险管理和监管的良好原则》。

（四）市场风险指标

利率风险敏感度（绝对值）的监管值、触发值、关注值分别为5%、4%、3%，与其他银行机构要求保持一致。但自贸区内银行面临更大利率市场化压力，对银行账户利率风险管理水平要求更高。

累计外汇敞口头寸比例的监管值、触发值、关注值分别为10%、8%、5%，严于其他银行机构20%的监管值要求。鉴于民营银行开办初期缺少对汇率风险管理经验，应适当控制其累计外汇敞口头寸。

表 4-4　民营银行市场风险指标设计

指标名称	指标类型	危险区 监管值	危险区 监管措施	预警区 触发值	预警区 监管措施	关注区 关注值	关注区 监管措施
利率风险敏感度（绝对值）	逆向	5.00%	1. 责令商业银行采取有效措施降低利率风险水平 2. 提高资本充足率要求 3. 采取其他监管强制措施	4.00%	1. 召开与商业银行董事会、高级管理层的审慎性会谈 2. 下发监管提示，要求分析利率风险指标变化反映的问题、将采取的纠正措施等 3. 要求银行通过更加有效的压力测试对风险进行充分评估 4. 增加银行账户利率风险的现场检查频率	3.00%	1. 要求提高对利率风险监测和报告的频率 2. 结合压力测试结果，加强利率风险限额管理
累计外汇敞口头寸比例	逆向	10.00%	1. 责令商业银行采取有效措施降低外汇敞口 2. 采取其他监管强制措施	8.00%	1. 召开与商业银行董事会、高级管理层的审慎性会谈 2. 下发监管提示，要求分析指标变化反映的问题、将采取的纠正措施等 3. 要求商业银行通过更加有效的压力测试对风险进行充分评估	5.00%	1. 要求提高对外汇敞口风险监测和报告的频率 2. 结合压力测试结果，加强限额管理

注：主要监管依据：《商业银行银行账户利率风险管理指引》《商业银行市场风险管理指引》。

（五）信息科技风险

民营银行 IT 系统是维持各项金融服务的基础，防范 IT 及由 IT 引发的信息科技风险至关重要。但是目前尚缺少权威的有效监管指标对信息科技风险定量监测，暂选定信息系统可用率、信息系统平台零单点配置率和信息系统灾备覆盖率三项指标作为民营银行信息科技风险监管指标，待银监会《商业银行信息科技风险动态监测规程》正式下发之后，可按照相关要求选定核心监管指标并确定监管值。

目前的主要监管依据有：《中小银行 2013 年监管评级指导意见》（信息科技风险监管评级标准）、《商业银行信息科技风险动态监测规程》（征求意见稿）、《商业银行业务连续性监管指引》。

值得注意的是，监管者在关注量化触发监管指标的基础上，还可结合 Camels T 评级体系中主要评级要素的定性评价标准，对民营银行风险状况进行全面、客观的综合评判，并根据年度监管评级结果对其采取相应的监管措施。

七、监管资源配置

银监部门需要投入合理的监管资源以确保差异化监管框架落地，真正实现民营银行有人管、管得住。一是为民营银行配备专门的监管团队，辅以产品、风险等小组专业支持。二是不定期（至少每季）对民营银行董事、高管展开监管会谈，制定会谈纪要抄送董监事会和发起股东，传达监管要求，指出其经营问题和主要风险。三是对量化触发监管指标定期跟踪，严格落实相应的监管措施。四是在第一个完整财务年度开展年度监管评级，完成年度监管报告和意见，向银行、股东发送。五是在一定周期内（开业满一年）对其开展一次全面现场检查，提升监管的针对性。

第五章

民营银行市场退出监管

综观国际经验,在利率市场化改革完成后的五年内,小型银行在激烈的市场竞争中,由于自身抗风险性低,更容易受到利率市场化的冲击,不少银行最终走向破产倒闭。对基础薄弱、实力不强的新设民营银行而言,发生破产倒闭的概率不容低估。因此,构建完善的民营银行市场退出机制是推动我国民营银行健康发展必不可少的关键环节,而厘清股东责任、存款保险与政府救助之间的关系是有效的民营银行市场退出机制的最核心要素。

第一节 生前遗嘱的基本内容与实施条件

生前遗嘱本是民法上的概念,指自然人在生前依照法律规定的方式,对自己的财产及其他事务做出安排,并在其死后发生法律效力的行为。金融机构的"生前遗嘱"是借用民法概念的一种形象说法,又称"恢复和处置计划"。[1] 它是金融机构为应对未来可能发生的危机,以自身面临破产倒闭为前提制定的应急、恢复和处置措施,以期迅速解决危机,避免金融机构无序破产,消除其对经济的不利影响,以"生前立遗嘱"实现"死后免纠纷"。[2]

---

[1] 生前遗嘱在不同国家或文件中提法不尽相同,如跨国清算小组向巴塞尔委员会提交的报告中称之为"应急计划",奥巴马总统金融改革法案中称为"快速清算计划",英国金融服务局也称之为"快速清算计划"。

[2] 潘斯华:《民营银行生前遗嘱制度研究》,《上海金融》2015年第5期。

一、民营银行订立生前遗嘱的必要性

(一) 反对理由

有观点认为,"生前遗嘱"不应适用于民营银行。① 其理由有以下几点:

1. 生前遗嘱并非万能

一是生前遗嘱本质上是关于信息披露的强制性要求,并非一个可以改变市场负面激励的实质性规定,不能解决大而不倒问题。二是很难提前设计好恢复和处置的计划。为一个尚未发生的事情制定计划永远都非易事。提前预测并为此作相应准备的困难性是"生前遗嘱"有效性最明显的限制,这种困难主要来自缺乏足够多的数据用于分析。三是"生前遗嘱"是否有利于危机前的监管和危机后的有序介入尚存不确定性。关键是要确保银行有动力收集相关信息,为此需要监管机构提出强制性要求。

2. 生前遗嘱并非免费午餐

一是"生前遗嘱"会给金融机构施加信息收集成本。例如,根据美国监管机构要求,每家系统重要性银行都要投资建立一个信息管理系统,以获得、储存和更新与金融机构业务活动和结构相关的信息,而且相关信息每个年度要做更新,出现重大事件时要立即更新。二是对监管机构而言存在较高的监管成本。例如,监管机构要审查判断恢复计划的可行性并主导制定处置计划。三是可能对债权人形成不当激励。四是可能对民营银行发展形成较多限制。监管机构基于审查与批准恢复和处置计划的权力,同时会被赋予一定的惩罚措施,可能导致对民营银行经营形成过多限制。因此,生前遗嘱制度实施初期针对的对象范围不宜宽泛化,应严格限定在具有系统重要性影响的金融机构,以此避免形式主义和增加管理运营成本。

---

① 王彬:《生前遗嘱不应适用于民营银行》,《法制博览》(上半月) 2015 年第 10 期。

（二）必要性分析

笔者认为，当前将生前遗嘱制度纳入民营银行监管框架具有必要性。

1. 确立生前遗嘱制度有助于消除公众对民营银行的信任危机

民营银行经营初期面临的最大困难就是如何赢得公众信任、消除其疑虑，保持银行资金的流动性。要求民营银行订立"生前遗嘱"，建立风险预警制度，就是在强调民营银行主要股东风险自担的前提下，约定风险发生时的救助措施和处置方式，尽力维系银行的关键性服务功能，明确股东在经营失败后所应承担的责任，减少处置的不确定性，尽最大可能打消民营银行存款人的后顾之忧。

2. 确立生前遗嘱制度有利于加强对民营银行的监管

虽然伴随《关于民营银行发展的指导意见》和《关于民营银行监管的指导意见》两个规范性文件的发布，民营银行已进入常态化审批阶段，但目前银监会总计只批准了17家民营银行，监管层整体上对设立民营银行仍持审慎态度。要求民营银行订立"生前遗嘱"递交监管机构审批并根据经营情况定期更新，可以使监管机构更清楚地了解民营银行运行情况，包括有哪些关键性业务、哪些业务容易出现风险、风险传染性如何等。进而确定当风险出现时，该如何阻断风险或缩小风险的传播范围，从而有针对性地加强对民营银行的事中审慎监管，有效防止民营银行经营失败侵害消费者、存款人和纳税人的合法权益。

3. 生前遗嘱制度能在一定程度上降低民营银行经营管理者的道德风险

市场经济条件下，客观上民间资本进入银行业的动机具有多面性，包括受银行业高投资回报率的吸引、期待获得巨额利润的驱动，甚至不排除有注册民营银行从事非法关联交易为股东自身融资的考量。与资本监管的正向管理思维相比，生前遗嘱制度代表一种逆向激励机制。以任何金融机构都可能破产倒闭为出发点，在阐明政府不再为金融机构买单的前提下，将股东、经营者的利益与银行经营好坏捆绑在一起。在这个意义上,生前遗嘱如同给股东和经营者上了一道"紧箍咒",迫使民营银行股东和经营者奉行审慎经营理念,时刻约束其冒险行为,以此有效制约民营银行的道德风险。

4. 有助于完善民营银行的退出机制

追溯历史,从20世纪90年代中期至今,我国陆续退出金融市场的金融机构达几百家之多,在这些金融机构退出之后,善后工作只能由政府来做,资金来源主要依靠人民银行再贷款。通过制定"生前遗嘱",可以填补民营银行市场退出监管的空白;通过明确发起人作为银行各类经营风险的最终承担者,可以避免财政和存款人资金存在的风险。与传统退出方式如司法重组、托管及行政关闭相比,具有明显优势。积极构建生前遗嘱的同时可以淡化政府的行政手段色彩,完善金融机构退出方式,形成有效的金融安全网,解决民营银行市场退出问题。

二、民营银行生前遗嘱的主要内容

《关于民营银行监管的指导意见》规定,银监会及其派出机构应当督促民营银行制定合法可行的恢复计划并配合监管部门制定处置计划,一是明确职责分工、业务流程和工作要求;二是强化银行恢复和处置过程中的股东责任;三是要求按照有关监管要求及时报送和修订。

(一)金融稳定理事会《系统重要性金融机构有效处置》对恢复和处置计划的要求

表5-1　FSB《系统重要性金融机构有效处置》对恢复和处置计划要求概览

项目名称	要素内容
恢复和处置计划的架构	●行动纲要、战略分析、引发恢复和处置行动的充要条件、具体的恢复和处置措施、确保相关措施得到有效落实的准备机制以及各阶段的权责安排

续表

项目名称		要素内容
恢复和处置计划的要素	恢复计划的必要因素	• 极端损失后的债务重组，资本缓冲工具（如暂缓股利发放、融资机制等） • 识别业务运营和债务架构的重组可能性（如营销补贴和业务部门的拆分，通过债转股达到债务重组的目的等） • 保证足够的资金并衡量流动性（有多样性的资金来源；抵押品在数量、位置和质量上都有充足的准备） • 确保组织运作的设置（可运作的内部程序、IT系统、不间断的结算和清算设施、外汇和交易平台等） • 在金融市场和其他利益相关者间建立合适的沟通策略
	处置计划的要素	• 处置措施对其他业务线、公司财务合约、金融市场中其他业务类型相似的公司的影响，处置机制可用的资金来源，维持存款保险基金有效运作的机制，维持清算和结算系统、外汇和交易平台可用的机制，维持（有限的）内部职能和市场占有率，跨国沟通模式
恢复和处置计划的信息要求		• 集团内部不同经营业务、法人实体之间的相互联系，集团内部风险暴露情况等 • 经营数据，包括资产负担程度、流动性资产数额、资产负债表外经营活动等 • 保障恢复和处置计划的业务设置信息，包括交易室操作信息、信息管理系统等 • 危机管理的权责分配，包括联络信息、危机情况下的沟通部门、与母国和东道国当局之间的沟通机制；公司运营的法制和监管环境，包括母国和东道国当局的权责分配、处置机制、流动性来源等

（二）生前遗嘱具体内容

依据前述文件精神和英美等发达国家的相关实践，民营银行实施"生前遗嘱"制度需把握以下五点要求：一是明确民营银行应承担制定、维持以及在必要时执行恢复计划的责任，发起股东应书面承诺在需要时配合恢复计划的执行。银行董事会危机管理委员会负责审批恢复计划，高级管理层负责制定和实施。二是恢复计划应全面考虑民营银行可能面临的压力情景及影响，以审慎监管指标和财务指标为基础构建稳健的触发条件，并对恢复经营的具体措施和工作程序预先安排。三是恢复计划至少每年更新一次，当银行业务模式、管理架构和整体风险状况发生重大变化时应当及时进行更新并报告监管当局。四是银行及股东要配合监管当局共同制定处置计划，在需要时无条件配合处置计划的执行，提供处置所需的充分信息，确保监管当局处置权力的有效性。五是处置计划须包括处置的程序、对外协调机制、股东履行承担连带担保或兑付承诺等预先安排，实现处置的效率性、稳健性和可行性。

（三）对生前遗嘱的监管要点

监管当局在审核民营银行恢复和处置计划时，应重点关注以下几个方面：

1. 明确责任主体及职责界定

（1）股东大会、董事会、高级管理层、职能部门在制定和实施恢复计划中的职责划分、权限设定须明晰。

（2）定期评估恢复计划的持续可适用性，经董事会审定后，向股东大会和监管部门报告。

（3）恢复和处置过程应充分体现对个人存款人利益的保护。

（4）明确主要股东在恢复和处置计划实施过程中的具体责任与方式。

2. 触发标准（Trigger）和条件

（1）设置达到触发标准之前的早期预警标准，以及银行对早期预警的应对措施。

（2）建立稳健的触发实施恢复计划的条件框架，应包含一系列定性和定量的指标，以确保触发的及时性和易监控性。

（3）压力情景测试应能准确反映银行面临危机的严重程度。

3. 可操作性

（1）采取的恢复措施和时间安排是否可行，如股东流动性支持、补充资本、出售或拆分业务部门、债务重组、应对危机资金来源等措施。

（2）危机期间可能导致潜在问题的应对措施。

（3）民营银行与利益相关人的沟通协调机制。

4. 数据和信息支持

（1）恢复与处置计划应包括有效的信息沟通机制，包括银行、股东、处置当局等参与主体之间的沟通。

（2）民营银行在处置过程中具备向处置当局充分、准确地提供信息和数据的能力，以降低处置障碍。

（3）民营银行及股东关联方的真实信息。

（4）民营银行信息系统对"处置包"（FSA将处置所需的数据和信息统称为Resolution Pack）的功能支持，如历史运营数据记录、支付清算系统对恢复与处置措施的支持等。

5. 审查与更新

（1）民营银行恢复与处置计划需适应其资产负债表、风险暴露的变化，形成定期更新机制。

（2）当民营银行发生重大机构变更、业务变更时，应及时更新恢复与处置计划。

（3）监管当局可根据监管情况提出更新要求。

三、生前遗嘱与其他制度的联动与衔接

（一）生前遗嘱与存款保险制度

生前遗嘱的核心要义是"风险自担"，即政府和纳税人不再为金融机构的经营失败买单。当然，要求民营银行控股股东完全用自有资金承担债权人损失也并不合适。为保障生前遗嘱的实施效果，需要尽快落实存款保险制度，在民营银行按照风险费率足额缴纳保费的前提下，由存款保险机构部分承担债权人尤其是存款人的损失。存款保险制度与民营银行生前遗嘱的联动关系体现在以下三点：一是通过明确

银行破产时存款人的赔付额度，稳定存款人的信心，以此保障民营银行持续经营。二是民营银行生前遗嘱及时向存款保险机构报送，存款保险机构对投保银行实施必要的检查和监督。三是对救助无望、需进入处置程序的民营银行，由存款保险机构参与其清算工作，向其支付存款保险基金。因此，存款保险机构发挥重要的风险监测和处置功能，能有效降低危机银行恢复和处置的经济成本。

（二）生前遗嘱与银行破产制度的衔接

生前遗嘱制度可以在一定程度上弥补传统银行破产机制的不足。一是有了未雨绸缪的事前计划，危机银行可以更从容地面对风险；二是银行与监管机构之间的联系得以加强，相当程度上能够避免银行危机造成的市场恐慌；三是通过降低银行破产概率和破产损失率降低监管成本和处置成本；四是淡化银行业金融机构市场退出环节的行政化色彩。但生前遗嘱只是降低民营银行破产退市损失的一项制度安排，还需相应完善存款保险制度和银行破产制度等一系列配套制度安排。具体而言，应尽快健全和完善我国民营银行破产处置机制和监管框架，为民营银行破产处置提供包括救助、接管、重组、清算等一系列应对措施在内的综合解决方案，尤其是研究从生前遗嘱过渡到破产程序的制度设计，构建好衔接机制。

第二节 民营银行主要股东限制加重义务制度

《关于民营银行监管的指导意见》要求，明确银行恢复和处置过程中的股东责任，其实质就是要将股东限制加重义务落实到位。关于银行股东责任的追究，我国相关法律中仅有《商业银行法》第78条规定："商业银行有本法第73条至第78条规定情形的，对直接负责的董事、高级管理人员和其他直接责任人员，应当给予纪律处分；构成犯罪的，依法追究刑事责任。"这里的"其他直接责任人员"可以理解为相关的控股股东或者关联股东,但上述规定非常笼统,在司法实践中难以操作。应当在未来的商业银行破产条例中对此单独立法,并设专章规定股东责任,根据股东入股比例和发挥作用的大小、情节轻重来设定不同的责任类型、责任档次,如此才能最大限度地保障民营银行债权人和相关权利人的合法权益。

一、股东责任制度框架

就民事责任而言,银行股东违反法定义务应承担以下责任:

(一) 出资瑕疵与抽逃出资带来的民事责任

出资是股东的基本义务。在银行设立或者增资时,为获得股权,股东应根据发起人协议或者银行公司章程的规定,向银行交付财产或履行其他给付义务。如果这种给付存在瑕疵,包括但不限于未足额出资、出资财产价值评估不足、虚假出资、抽逃出资等,则存在瑕疵的股东即违反了法定出资义务,应根据《公司法》的相关规定承担出资责任。具体而言,一是出资不履行(拒绝履行、延迟履行、虚假履行等)将承担出资违约责任。二是出资不实将承担资本充实责任。商业银行面临破产时,不实出资的发起人应就其不实出资的部分承担赔偿责任,其他发起人承担连带责任。三是抽逃出资也会导致相应的民事责任。根据《公司法》第92条的规定,股东不得以任何形式抽逃出资,否则不受有限责任的限制,首先抽逃的出资应当返还公司,其次还应承担由此造成的损失。

(二) 资本显著不足时提高资本充足率的责任

从各国立法情况看,股东有限责任原则在商业银行中的运用都受到了不同程度的限制。例如美国规定,如果银行资本充足率低于法定要求,监管当局有权要求商业银行制定相应的提高资本充足率的计划,报监管当局审批后执行;有权限制股东某些特定方面的权利,对银行实施重整;一旦银行资本充足率低于2%时,根据快速纠正法案,监管当局有权对银行实施接管,由此自动取消股东的权利,股东只有在最终确定银行存在剩余资产时,才有权分得相应份额的剩余财产。各国银行法对股东有限责任的限制是基于商业银行特殊准公共企业的特性做出的保护存款人利益的规定,既有利于保护广大存款人的利益,也有利于减少财政的损失。因为实践中如果银行资产不足以支付储户存款时,损失往往最终由国家财政进而转由纳税人承担。

关于维持资本充足的义务,我国《商业银行公司治理指引》第11条规定,股东特别是主要股东应支持银行董事会制定合理的资本规划,使银行资本持续地满足监管要求。当银行资本不能满足监管要求时,应制定资本补充计划使资本充足率限期内达到监管要求,逾期没有达到监管要求的,应当降低分红比例甚至停止分红,并通过增加核心资本等方式补充资本。主要股东不应阻碍其他股东对银行补充资本或合格的新股东进入。

(三) 恶意借款股东应当承担的偿还义务与赔偿责任

《商业银行公司治理指引》第12条规定,主要股东应以书面形式作出资本补充和流动性支持的长期承诺,并作为商业银行资本规划和流动性应急计划的一部分。第13条规定,股东获得本行授信的条件不得优于其他客户同类授信的条件。第14条规定,商业银行不得接受本行股票为质押权标的。上述规定的目的是为最大限度维护商业银行资本的充足与流通,进而保护存款人利益。如果股东违反上述限制性规定,将导致严重后果。

以海南发展银行为例,其最终破产的重要原因是向股东大量发放贷款而没有合法担保。银行成立时股本为16.77亿元,但仅在1995年5~9月就发放股东贷款9.2亿元,占贷款总额的接近九成,绝大部分股东贷款属于无合法担保的贷款,很多贷款用途并不明确,实际上是用于归还入股的临时拆借资金,不少股东贷款发生在资本金到账一个月之内,入股法人其实是刚注资又抽资,股东贷款实际上成为股东抽逃资本的隐蔽手段。① 因此，银行股东在银行关闭之后不仅应当归还借款本金和利息，还应当承担相应的赔偿责任。

（四）主要股东不当经营行为导致的赔偿责任

《商业银行公司治理指引》第9条规定，股东应当依法对商业银行履行诚信义务，确保提交的股东资格资料真实、完整、有效。主要股东还应完整、及时、准确地向董事会披露关联方情况，并承诺当关联关系发生变化时及时向董事会报告。② 第10条进一步要求股东特别是主要股东应当严格按照法律、法规、规章及商业银行章程行使出资人权利，不应谋取不当利益，不应干预董事会、高级管理层根据章程享有的决策权和管理权，不应越过董事会和高级管理层直接干预商业银行经营管理，不应损害商业银行利益和其他利益相关者的合法权益。

上述条款重点是对银行主要股东义务的特别规定，主要股东基于其特殊地位，往往对银行的经营运作影响甚大，因此，法律法规应当对其提出更高的要求，主要股东也应当承担较中小股东更多的责任。应当进一步区分主要股东和中小股东差别性的责任设置，让能"影响大局"的主要股东承担更多的义务和责任，保护作为普通投资者的中小股东的利益，以此更好地维护金融市场的稳定与秩序。

除了民事责任之外，根据《商业银行法》第78条的规定，股东行政违法行为应承担行政责任，严重违法犯罪行为应承担刑事责任。

二、股东限制加重义务制度与其他银行救助制度的衔接

（一）政府救助

2008年全球金融危机期间，美国政府动用公共基金救助大型金融

---

① 左柏云：《金融风险案例库》，转引自崔庆陵：《商业银行破产中的股东责任》，《安庆师范学院学报》2010年第11期。
② 主要股东是指能够直接、间接、共同持有或控制商业银行5%以上股份或表决权以及对商业银行决策有重大影响的股东。

机构,这种对于"太大而不能倒"机构的政府救助削弱了市场自律,并扭曲了经济激励。危机后出台的《多德—弗兰克法》建立了包括金融机构股东和债权人自救、市场化救助和政府救助在内的问题金融机构多元救助系统。在自救措施上,该法在第一章 C 节授予美联储对某些非银行金融公司和银行控股公司的附加权力,其中第 166 条规定了"预先救济要求",要求金融控股公司对财务困境正不断增加的公司采取系列特定救济行动,如出资限制、资本重整、募集资本、关联交易限制、资产出售等,以使该公司将要破产的可能和该种破产对美国金融稳定的潜在损害降到最低程度。该法在第二章有序清算部分规定了对危机金融机构的市场化救助措施,第 204 条规定了以存款保险保障存款人权益和设立过桥金融公司的市场化救助措施。第 214 条规定禁止使用纳税人资金对联邦存款保险公司接管的所有金融公司进行清算,这一条被视为是禁止公共资金救助私人金融机构的条款。

《多德—弗兰克法》构建了股东、市场和政府多元主体的救助体系,其中作为股东的金融控股公司承担的预先救济,是救助危机机构的首发程序与措施;存款保险和过桥机构作为市场化处置措施,是救助危机机构的后续措施;而政府救助系由纳税人承担金融机构清算损失的措施,应当作为最后的危机解决方案并应尽力避免。

除美国之外,日本银行法也将银行控股公司的救助作为先于政府救助的程序,前置适用。在金融机构危机救助体系中,股东以加重义务首先自力救助银行,原因在于:一方面来自银行内部的自救措施更为高效快捷,对于处置瞬息万变的金融风险效率更高;另一方面通过将主要股东与民营银行"绑定",可以有效避免来自银行内部的道德风险,使股东权利与义务、利益与风险协调一致。

(二)存款保险处置措施

既然我国已于 2015 年构建了存款保险制度,对民营银行存款人与其他银行存款人给同等保护,那么是否还有必要建立股东加重义务制度呢?对这个问题的分析应当回到两个制度的根本目的,存款保险制度的根本目的是保护存款人的利益,是防止银行风险溢出损害存款人私人利益；而股东加重义务的根本目的指向银行和金融系统，通过股东注资或其他措施维护银行的资本稳定，避免银行倒闭，是防止银行风险溢出损害金融系统稳定的公共利益。在具体实施层面，存款保险制度的保险金赔付对象是存款人，而股东加重义务的股东资本注入对象是银行，资本流向的不同也反映了两个制度不同的效果。在责任覆盖范围上，存款保险主要为银行吸收的公众存款提供保证，而股东注资主要为债券和金融机构同业业务往来产生的债务等提供保障。存款保险基金根据《存款保险条例》向储户兑付存款后，可依法享有对民营银行主要股东的追偿权。综上所述，存款保险与股东加重义务承载着不同的制度功能，不能相互替代。

需要进一步说明的是，从其他国家和地区现有的存款保险制度看，其制度内容中也包括要求银行股东采取措施帮助银行恢复资本稳定，如美国《存款保险法》中的"立即矫正措施"，这正好说明股东加重义务与存款保险制度的衔接逻辑。美国《存款保险法》中的"立即矫正措施"是当发现银行陷入资本不足甚至更严重的状态时，监管机构采取的一项矫正银行状态的监管措施，其中包括要求银行制订资本恢复方案，同时要求银行控股公司对这项恢复方案采取措施加以保证。美国学者认为，这是银行控股公司对其子银行的垂直保证，使控股公司承担了由其附属银行机构所带来的更多损失成本，是一种对银行控股公司金融义务的纵向调整。[①] 按美国学者的观点，"立即矫正措施"是股东加重义务的内容构成之一，是银行股东加重义务的制度体系的一部分。它是存款保险机构作为获得法律授权的银行监管机构，在承担存款保险赔付责任之前，依法定标准和条件采取的一项维护银行资本稳定的监管措施，股东应监管要求对银行的危机自救是其中的重要内容。故而，以银行股东加重义务为内容要素的"立即矫正措施"是存款保险赔付的前置程序，两者非但不互相排斥，相反，是互为依存和共生的。

应当看到，存款保险资金作为一种公共资金，对个别参保存款机

---

① 〔美〕哈威尔·E. 杰克逊、小爱德华·L. 西蒙斯：《金融监管》，吴志攀等译，中国政法大学出版社2003年版。

构的"过度"救助,也将损害公共资金利用的公平性,同时可能引发参保存款机构的道德风险。更为重要的是,对存款保险金的无限制利用,将损害存款保险机构和机制本身的安全性,进而损害整个金融系统的安全。在这方面并非没有教训。20 世纪 80 年代至 90 年代初,美国银行危机使储户损失 14 亿美元,共有 9755 家银行倒闭。这场危机中美国存款保险机构很好地履行了及时提供资金,确保储户的损失得到赔偿这一职责,"尽管在此期间众多银行和储蓄机构破产,但是没有储户在已保存款上受到任何损失"。1980~1994 年,联邦存款保险公司用于处置破产银行的费用大约为 363 亿美元,承担了全部存款机构损失的接近 1/4。到 1988 年,联邦储贷保险公司(FSLIC)保险基金负债 750 亿美元,所有已保存款的损失比率上扬了 1.48 个百分点,最终联邦储贷保险公司破产。其后,美国陆续推出存款保险制度改革,其中增加了股东对危机银行的救助义务,并纳入《存款保险法》中。

从这个意义上说,股东加重义务不仅有助于保证参保银行资本稳定,还有辅助确保存款保险资金不致滥用的功能。股东加重义务作为一个制度体系,其部分内容是作为存款保险制度的一部分而存在的,对存款保险中保险赔付这一核心制度起到前置缓冲作用;而存款保险赔付作为股东自力救助不能的接续性措施,承接了股东加重义务功能,加强了对危机银行可能造成金融系统混乱的制度阻断功能的强度。

第三节 民营银行市场退出制度基本架构

《关于民营银行监管的指导意见》提出,银监会及其派出机构应当加强与有关部门和地方各级政府之间的信息共享和沟通协作,共同建立并不断完善民营银行突发事件及市场退出等协调机制,明确各方责任,细化工作流程,及时有效防范和处置重大风险。要落实上述规定,关键是要构建全流程的民营银行市场退出制度体系。

一、我国银行业市场退出制度立法现状

目前,民营银行的市场退出可适用法律法规包括:《商业银行法》《中国人民银行法》《银行业监督管理法》《企业破产法》《金融机构撤销条例》等中对于商业银行市场退出的规定,相关条款虽然分散但对于接管、解散、撤销、破产等规定齐全。由于条文的分散,规定间的矛盾,部分监管责任不得不由行政干预的形式实现。

要想淡化行政干预色彩,必须制定明确的法律、法规。同时由于条文的分散,规定间的矛盾,造成法律、法规的现实操作性不强。例如,有关接管与重组的矛盾导致了破产程序启动难;缺乏详细的并购规则及非国有商业银行不良资产接收程序缺位导致并购启动难。如果说,过去银行退出市场只是"纸上谈兵",当民营银行准入放开进入常态化设立阶段之后,银行退出市场必须"掷地有声"。银行业金融机构首先是民营银行市场退出制度的构建,应当坚持法律、法规先行。

《关于促进民营银行发展的指导意见》中只是要求地方各级政府抓紧研究建立与监管部门之间信息共享、风险处置等方面的协作机制,就处置民营银行突发事件及市场退出等建立协调机制,更多地体现为原则性与口号性的规定。此外,虽然我国在2015年5月建立存款保险制度,颁布实施了《存款保险条例》,但如果仅有存款保险制度的实施,而其他配套措施却止步不行,则会出现"木桶效应",民营银行退出市场也将会因为制度的缺位而无法发挥其真正的作用。

虽然我国民营银行尚处于发展的初期,目前并未出现有问题的民营银行退出市场的案例,但金融风险随时可能产生,如果我国也重蹈台湾地区"准入在先,法律在后"的覆辙,民营银行市场退出制度的滞后将导致"准入易,退出难"的困境。

二、民营银行市场退出标准

任何一项制度，均有其所遵循的原则和所恪守的标准。民营银行的市场退出标准，就是在达到何种程度之时启动市场退出程序。反思我国目前较为分散的商业银行市场退出规定，正是由于标准的缺失，导致退出的无序与低效。正因如此，民间资本的引入应成为规范细化市场退出机制标准的契机。民营银行退出机制的构建，需要科学的退出标准作支撑。简而言之，即是在何种危机程度下，采取何种程度的退出方式。根据各国和地区银行立法与监管实践，银行的市场退出标准有三种，即资产负债标准、现金流量标准以及监管性标准。[①]

（一）资产负债标准

资产负债标准又称资不抵债，是由企业破产的标准引申来适用于商业银行的。简单而言，就是当民营银行的负债大于自有资产时，即可以认定为达到退出标准。在放宽准入管制的前提下，确立清晰的退出机制更加重要。不良贷款作为退出市场的指标之一，当其达到一定程度时，不合格的民营银行必须被果断地关闭。[②]

（二）现金流量标准

现金流量标准又称流动性标准。对于银行而言，正常的运营状态下应当可以及时满足存款人提现的要求。当民营银行现有的现金流已无法满足时下存款人的提现要求时，即可以认为达到退出标准。

（三）监管性标准

当民营银行的经营指标不符合监管当局所预设的标准时，即可以

---

① 伏军：《全球化竞争格局下我国银行市场退出机制的建立》，《中国产业国际竞争力评论》2009 年第二辑。
② 徐滇庆：《民营银行试点需要做好退出法规》，和讯网，http：//copy.hexun.com/165913736.html，最后访问时间：2017 年 1 月 31 日。

认为达到退出标准。而这一指标通常以资本充足率来表示。根据《资本管理办法（试行）》的相关规定，根据民营银行资本充足率达标情况，可以划分为四个不同层次（见图5-1）。

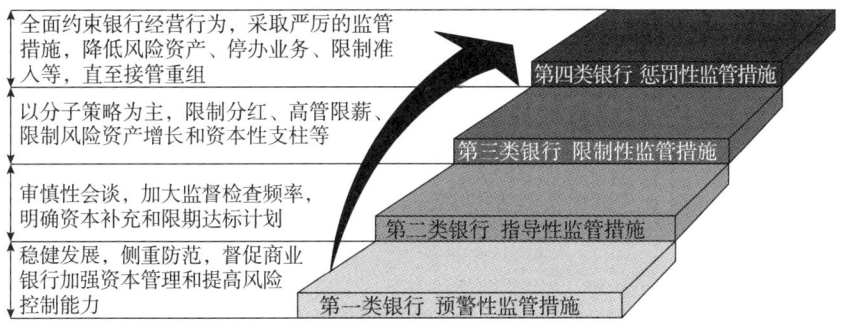

图5-1 民营银行市场退出资本充足率监管标准

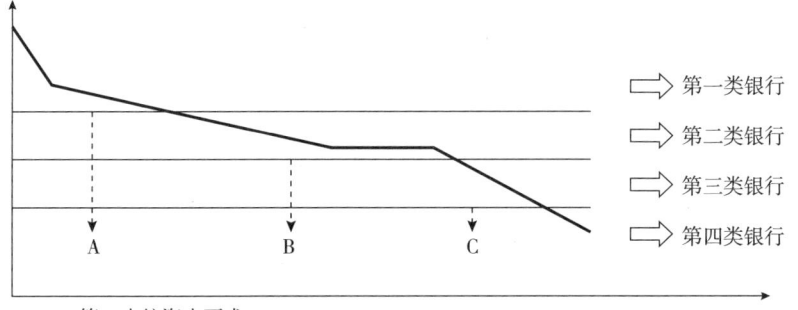

图5-2 民营银行资本充足率监管标准

A：B+第二支柱资本要求
B：C+储备资本和逆周期资本要求+系统重要性附加资本要求
C：最低资本要求

笔者认为，目前三种市场退出标准中，资产负债标准与现金流量标准的规定较为原则化，实践操作中难以把握。不良贷款和现金流均可以看作资本充足率指标的组成。换言之，当资本充足时，一般而言民营银行不良贷款和现金流均相应处于合格的状态。监管性指标划分是一个可量化的标准，通过资本充足率的划分可以详细地划分为四个级别。民营银行市场退出机制的设立应该有一套明确的标准，从而突破过去原则性标准规定的桎梏。而量化是明确标准的一种有效途径。

根据《资本管理办法》的规定，最低资本要求为核心资本充足率不低于5%，一级资本充足率不低于6%，总资本充足率不低于8%。考虑到银行还需要计提2.5%的留存资本缓冲，并需以核心一级资本来满足，故实际监管要求为核心资本充足率不低于7.5%，一级资本充足率不低于8.5%，总资本充足率不低于10.5%。在过渡阶段，资本充足率的三级划分仍有其借鉴意义，通过8.5%、9.5%、11.5%（对系统重要性银行）和7.5%、8.5%、10.5%两个系列阈值将民营银行的经营状况划分为资本充足、资本不足以及资本严重不足三个等级。而针对不同资本级别的银行，采取不同程度的市场退出方式。

三、民营银行市场退出制度框架

民营银行市场退出机制应当是一个循序渐进的程序，即随着民营银行经营管理危机的不断升级，有针对性地采用不同的退出方式。将不同级别的危机与不同程度的退出方式一一对应，由此方式可形成一个有序、有效的退出制度的框架。完整有序的退出机制对于民营银行退出市场有重要的意义，高效率的退出可以规避民营银行市场退出时带来的震荡，稳定金融市场。

在既定可量化的退出标准下，问题银行危机的出现是一个发展的过程，资本不足和资本严重不足代表危机从萌芽到扩大，最后崩溃。但危机的出现并不必然导致民营银行启动退出程序；退出程序的启动，也不必然导致整个银行清盘退出市场。针对不同阶段对应市场退出的支撑性制度、缓冲性制度及清盘性制度，应具体问题具体分析。而支撑性制度、缓冲性制度及清盘性制度构成民营银行退出制度的框架。

支撑性制度贯穿于民营银行退出的整个过程。支撑性制度包括股东自救、存款保险制度和金融重建基金。2014年民营银行试点政策框架确立了发起人股东风险自担的机制。同时，我国于2015年实施了存款保险制度，在商业银行退出市场时对存款人进行赔付。但存款保险制度的功能在民营银行退出市场成为常态时不免捉襟见肘。因此，金融重建基金应运而生，域外部分国家选择在存款保险机构下设置临时性处理机制，通过为问题投保机构提供前期的资金援助，配合存款保险公司功能的实现。金融重建基金适用于民营银行资本充足率不达标伊始。但是，启用金融重建基金注资对问题银行的救助是过渡性的，并且有严格的时间限制，不能无限制地救助，当危机扩大至金融重建基金无法支持时，则启动第二阶段的救助——并购，在此阶段，金融重建基金仍然扮演重要角色，通过对收购方并购问题银行进行一定的补偿，从而促进并购的完成。

缓冲性制度的作用是通过一定的措施，延缓问题银行的清盘退出，其含义是指在问题银行仍保有商业价值、清盘性退出成本较高的情况下所采用的并购措施。在资本不足阶段，民营银行可能存在一定的挤兑风险，但其优质资产仍有一定的商业价值。此时，不可冒进地采取清盘退出，而应通过并购缓解其风险，保有价值。因此，缓冲性措施适用于资本不足阶段。但是，综观我国并购实践案例，大部分并购的促成背后都是政府干预的结果，而民营银行的并购不能仅仅是政府为弭平问题金融机构可能引发的金融危机，出面以"政策指导"方式主导或协助经营不善的问题民营银行并入健全的金融机构，以防止倒闭事件的发生；应该是兼具救助问题银行与提高健康银行竞争力双重作用的实质并购。

所谓清盘，是指整个银行不再以任何形式存续，完全退出市场的状态。清盘性制度作为程度最严重的退出方式，适用于资金严重不足阶段。每个国家对于监管性的标准都有一定的底线，即当问题银行的指标触及底线时，才会采用清盘性制度使其退市。清盘性制度在我国体现为撤销和破产两种方式。当资本严重不足时，问题银行的危机随时会导致该银行系统性的崩溃，如果仍被"银行不能破产"的旧观念束缚，而固执地采用救助措施"久拖不退"，则将会导致出现类似海南发展银行的失败案例。

目前，我国已经正式批准五家民营银行试点运营，而且不断有新的民营银行将通过审批进入银行业市场。从域外经验可以看出，市场退出机制的完善对于民营银行的发展至关重要。各国民营银行的发展经验对于我国目前尚属空白的银行业市场退出领域有着重要的借鉴意义。但是，制度的移植并不是条文简单的移植，而是需要综合考虑域外经验在我国法律体系下是否可行，再进行制度的借鉴移植。我国监管当局应当全面、辩证、客观地总结与反思域外的市场退出经验，从而设计适宜自身的市场退出制度。

（一）民营银行市场退出支撑性制度的完善

1. 确立主要股东限制加重义务，明确其在市场退出环节的责任

以限制加重义务为主要内容的股东自救机制是危机救助的首发程序与措施，其核心要义是落实《关于民营银行监管的指导意见》中有关"强化恢复和处置过程中的股东责任"的相关要求，明确民营银行主要股东在市场退出环节的责任。具体而言，在存款保险制度已经实施的背景下，一方面，要区分股东和存款保险救助所覆盖的债务类别：股东主要通过注资等方式对居民存款以外金融债务（包括但不限于金融债券、同业往来产生的债务等）承担兑付和担保责任，存款保险基金主要对50万元以下的居民存款承担兑付责任；另一方面，存款保险基金兑付存款后可根据银行主要股东在市场退出环节应承担的责任享有追偿权。

2. 完善存款保险制度

一方面，应明确新设民营银行加入存款保险的条件。建议吸取20世纪90年代放开民间资本设立城市信用社、农村金融服务社和合作基金会无序扩张、违规经营乃至引发倒闭风潮的教训，注意防止"一放就乱""一哄而起"。为有效防范道德风险，避免民营银行"风险自担"原则落空，建议银监会与人民银行加强协调，对新设民营银行设置为期两年的过渡期，待新设民营银行建立起独立商业信用，主要监管指标达标后再批准其加入存款保险制度，并根据实际风险程度缴纳存款保险费。另一方面，尽快出台《存款保险条例》实施细则，在实现保险基金来源多元化、差额费率标准明晰化的基础上，适度扩大存款保险机构职能。根据金融监管体制整体改革进展，可考虑赋予存款保险机构作为民营银行市

场退出时清算人和组织者的权力。

3. 推动设置金融重建基金

存款保险制度有其内在局限性，部分国家和地区经历过存款保险机构无力应对系统性风险的情形。设立金融重建基金可以增强存款保险制度的作用。一方面，金融重建基金可以对问题金融机构提供财务协助或收购其不良资产或购买其特别股，以协助其处理逾期放款，提高资本比率，改善金融机构经营体制；另一方面，金融重建基金通过弥补民营银行财务上资产小于负债的差额，促成其他健全金融机构予以并购，使其顺利退出市场。关于金融重建基金的资金来源，可以通过中央和地方政府认定部分份额，其余差额通过减免银行业一定的增值税实现。

(二) 民营银行市场退出缓冲性制度的完善

民营银行市场退出的缓冲性制度，是指在民营银行退出市场的过程中，通过一定的方式延续问题民营银行的商业价值从而避免其进入破产清算程序，或者是在民营银行退出市场过程中过渡性阶段采取的制度安排。通常其具体的形式为并购制度和搭桥银行的设置。

1. 并购

并购是指一家金融机构经监管部门批准后，按照法定程序，以出资方式对一家或几家金融机构取得其所有权的行为。由于我国银行破产制度的长期缺位，以并购为主要的市场退出方式在我国已有不少案例（见表5-2）。

表 5-2　我国的商业银行并购典型案例

年份	我国商业银行的并购案例
1994	中国建设银行收购香港工商银行 40% 的股权，更名为建新银行
1995	城市信用社合并为城市合作银行
1996	广东发展银行收购中银信托投资公司
1997	海南发展银行并购重组 28 家城市信用社
1998	中国建设银行托管中国农村信托投资公司
1998	中国投资银行并入国家开发银行
1998	中国工商银行收购英国西敏寺银行所属西敏寺证券亚洲公司

续表

年份	我国商业银行的并购案例
1999	中国光大银行收购原中国投资银行下属营业机构
2000	中国工商银行收购香港友联银行
2001	福建兴业银行收购浙江义乌城市信用社
2003	中国工商银行收购华比富通银行
2003	招商银行收购盘锦市商业银行
2004	兴业银行收购佛山市商业银行
2006	中国建设银行收购美国银行（亚洲）股份有限公司
2007	工商银行收购南非标准银行
2007	工商银行收购哈利姆银行
2009	工商银行收购加拿大东亚银行

资料来源：王彬：《民营银行市场退出制度研究》，华东政法大学硕士学位论文，2016年。

以并购作为民营银行市场退出的方式，其优势非常明显：一是有助于实现经济利益最大化。并购以金融资源价值最大化为出发点，赋予问题银行"重生"的机会，同时由于问题银行的剩余资产和信誉得到有效盘活和利用，收购方实力增强且得以拓展市场。二是实现监管压力最小化。以并购方式解决问题民营银行的市场退出问题，能将外部监管处置问题转化为内部兼容问题，可以减轻监管当局的压力。三是兼顾金融安全与秩序。由于自身风险较高，民营银行的加入在一定程度上增加了金融体系的不稳定性。"准入易，退出难"更是加重了这种不稳定性。并购为消除这种不稳定性提供了一种可行的途径，通过银行内部间消化解决内部问题，成为一种有效稳定银行业市场的措施，对存款人带来的损失有限，同时也可以抑制银行挤兑的发生。

在完善并购退出方式的过程中，除了打破同业并购的限制之外，还应当充分发挥市场主体的积极性，减少政府对并购过程的干预，让市场主体自主解决市场问题。

2. 搭桥银行

搭桥银行是指通过设立一家暂时性的银行承接问题银行的资产，直至确定该问题银行是通过并购还是通过破产退出市场。我国目前尚无设置搭桥银行的先例。国外则通过搭桥银行的设置较好地解决了过渡阶段的问题。例如1998年6月30日，日本政府通过组建了"国家管理银行"作为过渡银行，对于不能马上归入国有银行的破产银行，由国家管理银行寻找合并、出售对象以协助破产和重组。

我国《银监法》第64条规定，"当商业银行已经或可能发生信用危机时，银监会可以对该银行实行接管，直至该商业银行被合并或者宣告破产"。从条文上看，银监会的接管与搭桥银行的设置具有相同的目标，都是为了给问题银行一个缓冲期，所不同的是，接管采用的是行政手段，而搭桥银行采用的是市场化手段。实践中，接管作为行政手段，在管理问题银行时效率低下，其实质是一种拖延时间的手段，不利于问题银行的处置。因此，应当鼓励搭桥银行手段的使用，以填补接管制度的不足。同时明确搭桥银行所发挥的仅是过渡性作用，而非参与到问题银行退出市场的过程中。因此，我国的搭桥银行制度设计，其功能应限于接收问题银行转移的受保存款，保护存款人的利益。此外，问题银行的优质资产和债务承担处置则由存款保险机构进行评估和处理。

（三）民营银行市场退出清盘性制度的完善

清盘性市场退出制度，是指民营银行的法人资格被终结，无法在金融市场中存续。清盘性退出对于市场的稳定影响最大，并且对于存款人的信心也是重大的冲击。因此，各国对于清盘退出方式的适用都非常审慎。

1. 撤销

撤销是指监管当局通过采取行政强制措施终止具有法人资格的商业银行的经营活动，同时清算被终止银行的债权债务，最终使被终止银行的法人主体资格消灭。撤销方式具有临时性的特点，实践中效果并不显著，由于带有浓厚的行政色彩，会造成其周期性长的弊端。因为在撤销决定作出后到撤销决定的实施过程中，监管当局都可能通过各种途径对问题银行进行救助，造成撤销程序的周期必然被延长，与及时、高效的市场退出原则背道而驰。同时撤销程序也有其自身的局

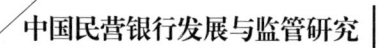

限性,一是可能造成支付危机扩散;二是可能滋生信任危机。因此,应当尽量减少行政撤销在民营银行市场退出中的应用。

2. 破产

破产是依据司法程序对特定的金融机构实施市场退出的模式。目前我国尚无专门的银行业破产法规。由于民营银行的高风险性、纯民资性和经营的区域性,其破产退出市场可能对注册地经济、社会造成不小的震荡影响,上述特殊性决定了其退市程序不能依据普通企业破产的规定执行。

破产退出制度的建立面临制度模式的选择。不论是前期的重建救助,还是中期的并购退出,作为行政力量的银行监管机构都扮演着重要角色。而破产,虽然是一种司法程序的退出,但笔者认为,监管机构仍应在破产程序中发挥作用。即建立一种由法院和银行监管机构相互配合的破产程序。一方面,对于涉及问题银行是否达到破产标准,破产管理人的选任条件及注销金融许可证等专业性较强的事项,均由银行监管机构决定;另一方面,法院则负责破产程序启动、破产财产处置和程序终结等权威性和终局性事项。此种模式,既充分发挥了银行监管机构的专业性,又有效结合了法院对于破产退出的处理有效性,是一种合理的选择。

(四) 存款保险制度框架下处置民营银行风险的路径

适用于民营银行的风险处置模式主要包括并购重组、过桥银行以及直接偿付,因此,在民营银行风险处置的路径设计选择及具体实施过程中,应该努力将三种模式有效结合起来,形成民营银行市场退出的最优路径。具体而言,在存款保险制度框架下,我国民营银行市场退出可以按照"识别—接管—处置—退出"的过程建立自身的退出机制:当民营银行出现问题并被识别后,首先努力通过重组的模式处置问题民营银行,避免过高的处置成本和处置风险;如果问题民营银行在短期内难以找到接管人,则启动过桥银行模式,在规定时间内继续寻找接管人;最后确定问题民营银行在市场内无法找到接管人时,再启动直接偿付模式,对问题银行进行破产清算,偿付相关债务,使问题民营银行完全退出市场。与此同时，在金融监管体制整体改革的大背景下，建立和完善与存款保险制度相适应的金融监管架构，可以考虑赋予存款保险机构必要的监管权。

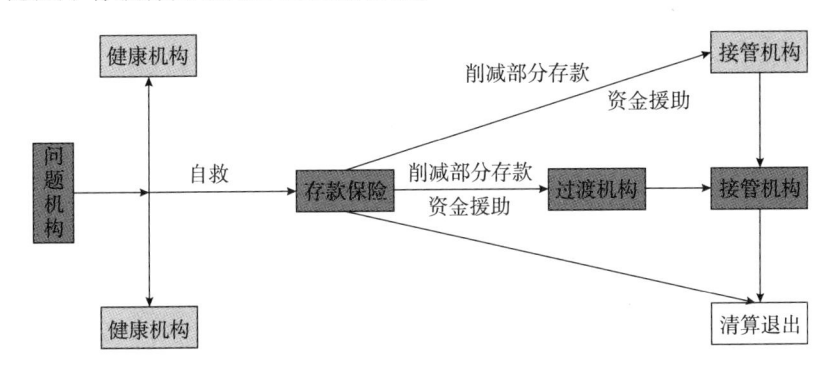

图 5-3　存款保险制度下民营银行市场退出的实施路径①

---

① 刘室、安浩友：《民营银行的风险处置模式》，《中国金融》2015 年第 17 期。

第六章

结 论

第一节 对民营银行现有监管框架的评析

以《关于促进民营银行发展的指导意见》和《关于民营银行监管的指导意见》两个专门文件的发布为标志,我国发起设立民营银行的政策框架已经初步确立,形成了覆盖民营银行准入、持续监管和市场退出的基本政策框架,为民营银行健康发展奠定了基础。但从对首批五家试点民营银行现场调研反馈的情况看,相关制度的实际执行效果还存在一些问题,部分规定过于原则化,缺乏可操作性。

一、准入环节依然存在诸多限制

(一) 远程开户面临实质性限制

远程开户是微众银行、网商银行等不设线下网点的民营银行商业模式成功的前提。唯有如此,才能发挥互联网银行少网点、少人工的特点,在降低产品和服务成本的基础上实现融资利率降低和优化,并由此实现规模快速发展,顺利打开新市场。

根据中国人民银行 2015 年底发布的《关于改进个人银行账户服务加强账户管理的通知》,目前仍未放开远程开立全功能的 I 类账户,使两家互联网民营银行吸纳存款能力受到严重制约。截至 2015 年底,微众、网商银行存款余额不足 2 亿元,仅占负债总额的不足 1%。

(二) 单一网点限制

《中国银监会市场准入实施细则》明确规定,民营银行应坚持"一行一店"模式,在总行所在城市仅可设 1 家营业部,不得跨区域设立分支机构。虽然民营银行比照城商行监管,但《中国银监会市场准入实施细则》仅针对民营银行网点设置提出了明确的数量要求,上

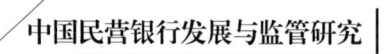

述单一网点限制实属歧视性待遇，非常不利于民营银行拓展业务、服务客户，也不利于吸引民间资本投资银行业。

（三）负债来源渠道单一

由于民营银行设立初期信用尚待检验，加上限制远程开户和单一网点要求，导致现阶段民营银行负债只能依赖股东和同业，资金来源集中。截至 2015 年末，民营银行同业负债占负债总额接近 2/3。

（四）业务资格受限

根据 2007 年《同业拆借管理办法》和 2016 年 8 月修订的《全国银行间同业拆借市场业务操作细则》的规定，民营银行成立两年之内无法进入同业拆借市场开展流动性管理；根据《全国银行间债券市场金融债发行管理办法》的规定，民营银行至少在成立三年内（恰是最急需的时段）难以通过发行金融债解决资金来源。此外，根据央行 2016 年 6 月发布的《市场利率定价自律机制成员名单》，由于不是全国性市场利率定价自律机制正式成员，现阶段民营银行也没有资格发行大额存单吸揽存款，目前也只有华瑞银行、微众银行和网商银行获得同业存单发行资格。

二、事中监管亟待细化完善

（一）缺乏有针对性的风险防控措施

当前，民营银行经营中的风险防控压力逐步显现。一是贷款仅占总资产的不足 30%，投资类资产占比远高于贷款，对小微企业等实体经济的支持力度有待加强，同时部分收益较高的非标投资风险隐患值得关注。二是通过互联网发放的小额贷款，具有额度低、客户分散、贷款用途难以监测等特点，对银行预防和处置欺诈风险、防控信息科技风险提出更高要求。三是需要关注微众、网商等网络银行 24 小时不间断运营模式可能带来的流动性错配风险。

(二) 缺乏差异化发展模式的考核机制

差异化的市场定位和发展战略是民营银行市场准入的重要筛选标准。从开业一年多来的实践看，在负债成本上升、优质资产缺乏、小微企业不良率攀升的背景下，民营银行特色化发展过程中面临生存压力。面对激烈竞争，民营银行在坚持特色发展定位方面面临挑战，部分业务偏离之前的市场定位，如吸揽居民存款有限、资金运用以投资类资产为主、非标资产规模较大等。需要建立必要的考核机制，引导民营银行"不忘初心"，坚持特色化发展战略，不走同质化竞争老路。

(三) 审慎监管指标和评级体系需细化完善

在5家试点银行常态化运营背景下，为落实《促进民营银行发展的指导意见》中有关"加强事中、事后监督和风险排查，加强对重大风险的早期识别和预警"的要求，应充分考虑民营银行战略定位、差异化经营模式和风险特点，细化审慎监管指标体系和监管评级框架。

(四) 丰富和完善股东延伸监管措施

有主要股东接受监管的协议条款是允许民间资本发起设立民营银行的五项原则之一。实践中各家民营银行主要股东均按要求将接受延伸监管的承诺列入《发起人协议》和《公司章程》。当前应进一步明确对主要股东的延伸监管措施：一是强化信息披露要求，要求主要股东及时向监管部门报告重大事项，并按年度向监管部门报送组织架构、关联机构、公司治理、风险管理、关联交易等信息；二是明确主要股东违反承诺事项的监管措施，包括但不限于责令转让股权、限制股东权利等。

三、市场退出机制不健全

如果金融市场没有健全有效的退出机制，监管当局就很难在前端真正放宽市场准入,并将重点转向加强事中事后监管。没有设计好银行的退出机制是20世纪90年代我国台湾地区民营银行改革最重要的失误之一。[①] 当前我国民营银行已进入常态化审批阶段,第二批12家银行已获批筹建,其中重庆富民银行已开业。《促进民营银行发展的指导意见》虽然要求地方政府与监管部门就民营银行市场退出建立协调机制,并提出不断完善金融机构市场退出机制,但在相关金融立法尚未出台的背景下,现阶段民营银行市场退出缺乏高位阶法律依据,且难以厘清中央监管部门和地方政府之间的责任划分。

第二节 推进我国民营银行健康发展和有效监管的政策建议

民间资本发起设立民营银行是金融领域供给侧结构性改革的重要内容。建议有关部门及时总结三年多来的试点经验,与时俱进完善法律制度和政策框架,创造更加公平、更有效率的市场竞争环境。

一、进一步放宽准入制度,取消不必要的限制

一是在坚持技术可靠、风险与行业影响可控、实名认证、交叉复核的前提下,适时推进包括新设民营银行在内的银行业金融机构远程开立全功能Ⅰ类账户试点,为互联网银行模式的落地奠定基础。操作中可以考虑先对特定地区、特定类别客户试点,按不同识别方式,分权限开立个人账户。同时通过增加身份识别的步骤,逐步提升账户权限。二是修改《中国银监会市场准入工作实施细则(试行)》,取消现行对民营银行"一行一店"的歧视性限制规定。三是尽快修订现行《同业拆借管理办法》和《全国银行间债券市场金融债发行管理办法》,为新设民营银行进入同业拆借市场开展流动性管理和通过发行

[①] 于宗先主编:《民营银行:台湾案例》,社会科学文献出版社2005年版,第369页。

金融债获得资金来源提供便利，逐步缓解民营银行负债来源单一的问题。四是明确新设民营银行加入存款保险的条件。应吸取20世纪90年代放开民间资本设立城市信用社、农村金融服务社和合作基金会无序扩张、违规经营乃至引发倒闭风潮的教训，注意防止"一放就乱""一哄而起"。为有效防范道德风险，避免民营银行"风险自担"原则落空，建议银监会与人民银行加强协调，对新设民营银行设置为期两年的过渡期，待新设民营银行建立起独立商业信用，主要监管指标达标后再批准其加入存款保险制度，并根据实际风险程度缴纳存款保险费。

二、充实细化事中审慎监管制度

一是加强对民营银行公司治理的监督。总结试点经验，对接《存款保险条例》及其实施细则的相关规定，尽快统一主要股东"风险自担"的范围与内涵。注重对民营银行股权结构的指导，推动形成适度集中的股权结构。加强股东行为监管，适时评估承诺履行情况，强化股东约束。按照各治理主体独立运作、有效制衡、相互合作、协调运作的原则，推动健全民营银行公司治理机制。二是完善审慎监管工具。建议选取民营银行资本充足率、流动性、杠杆率、拨备覆盖率、拨贷比等关键监管指标，设置更加审慎的量化触发标准，区分监管值（监管底线）、触发值（预警值）、关注值三个层次，一旦达到触发值，迅速启动风险对冲、流动性救助和资本补充、机构重组等监管措施，有效控制各类风险。同时要求民营银行管理层针对不同的指标值区间制定相应的风险应对措施，并结合经营中的特殊风险制定专门的风险管控措施。如网商银行、微众银行要针对24小时不间断运营的特征，更加注重科技信息风险和资金期限错配风险的管理。并尝试开展对民营银行的监管评级工作。三是探索民营银行牌照动态考核、分级管理制度。按照激励相容的原则，对民营银行选定的经营模式设立定性和定量相结合的考核标准体系，确保其市场准入环节承诺的差异化市场定位和发展战略在持续经营过程中得到落实。在此基础上，允许达到一定经营年限（如 3 年以上），形成独立商业信用的民营银行在符合监管部门事先确定的标准基础上（包括但不限于经营状况、财务状况、风险状况、履行社会责任等指标），向上申领高等级牌照；同时对持续未达到监管要求的民营银行则采取限制其业务范围和经营品种等惩罚性措施。四是督促各民营银行注册地银监局配备充足合理的监管资源，以此确保差异化监管框架落地，真正实现民营银行有人管、管得住。具体而言，首先，以主监管员为核心形成专门的监管团队，并提供必要的专业支持；其次，不定期对民营银行董事、高管开展监管会谈，指出其经营问题和主要风险；再次，定期跟踪量化触发监管指标，严格落实相应监管举措；最后，适时开展年度监管评级和全面现场检查，提升监管针对性。

三、完善市场退出机制

基于公平执法、平等适用的考虑，民营银行市场退出行为应纳入统一的银行业金融机构市场退出法律予以规范。建议银监会会同相关部委加快推进银行业金融机构市场退出制度立法，一是建立健全撤销、并购、重组、破产等风险处置机制，明确存款保险制度下民营银行退出市场的路径选择。二是结合我国金融监管架构的调整与完善，明确民营银行市场退出的主导者。三是明确民营银行风险自担原则、恢复和处置计划在市场退出过程中的落实方式。以此真正实现常态化的有进有出，优胜劣汰，为包括民营银行在内的银行业供给侧结构性改革切实托底。四是落实《关于促进民营银行发展的指导意见》和《关于民营银行监管的指导意见》相关要求，厘清中央监管部门和地方政府在民营银行市场退出过程中的职责边界。

可以将民营银行市场退出纳入存款保险制度框架，按照"识别—接管—处置—退出"的过程建立自身的退出机制：当民营银行出现问题并被识别后，首先努力通过重组的模式处置问题民营银行，避免出现过高的处置成本和处置风险；如果问题民营银行在短期内难以找到接管人，则启动过桥银行模式，在规定时间内继续寻找接管人；最后，确定问题民营银行在市场内无法找到接管人时，再启动直接偿付模式，对问题银行进行破产清算，偿付相关债务，使问题民营银行完全退出市场。

同时，建议在2017年内组织外部专家对民营银行试点情况开展第三方评估，以回应民间资本诉求，进一步完善现有政策法规和规范性文件，改善监管政策环境，促进民营银行健康发展。

参考文献

[1] Stephen Haber and Shawn Kantor. Getting Privatization Wrong: The Mexican Banking System, 1991-2003.

[2] John Bonin, Iftekhar Hasan and Paul Wachtel. Privatization Matters: Bank Efficiency in Transition Countries, paper presented to World Bank Conference on Bank Privatization, SSRN-id1297739.

[3] Thorsten Beck, Juan Miguel Crivelli and William Summerhill. State Bank Transformation in Brazil-Choices and Consequences, World Bank papers No. 3619.

[4] 兰日旭：《中国近代银行制度变迁及其绩效研究》，中国人民大学出版社 2013 年 6 月版。

[5] 王曙光：《金融发展理论》，中国发展出版社 2010 年 6 月版。

[6] 熊继洲主编：《民营银行——台湾的实践与内地的探索》，复旦大学出版社 2003 年 11 月版。

[7] 于宗先主编：《民营银行：台湾案例》，社会科学文献出版社 2005 年 2 月版。

[8] 刘永祥：《金城银行——中国近代民营银行的个案研究》，中国社会科学出版社 2006 年 7 月版。

[9] 王丹莉：《银行现代化的先声——中国近代私营银行制度研究（1897-1936）》，中国金融出版社 2009 年版。

[10] 徐滇庆编：《金融改革路在何方——民营银行 200 问》，北京大学出版社 2001 年版。

[11] 陈婷、林贵：《温州组建民营银行实证研究》，经济科学出

版社 2007 年版。

[12] 周春英：《民国前期民营银行运行机制研究》，中国财政经济出版社 2007 年版。

[13] 秦圆圆：《我国民营银行市场准入法律问题研究》，中国政法大学硕士学位论文，2013 年。

[14] 刘兆利：《保障我国民营银行发展的法律问题研究》，西北大学硕士学位论文，2014 年。

[15] 李海波：《民国私营银行经营风险法律规制研究》，山东大学硕士学位论文，2014 年。

[16] 沈飞：《民营银行道德风险的法律防范机制研究》，西南财经大学硕士学位论文，2006 年。

[17] 王晓茹：《民营银行关联交易的法律规制》，浙江大学硕士学位论文，2011 年。

[18] 王雯雯：《试论我国民营银行监管的法律问题》，上海财经大学硕士学位论文，2005 年。

[19] 周楠：《我国发展民营银行的现实路径选择》，厦门大学博士学位论文，2004 年。

[20] 高菲：《我国民营银行准入—退出机制研究》，吉林大学博士学位论文，2010 年。

[21] 王闯：《中国民营银行发展与经济增长：1985-2012》，辽宁大学博士学位论文，2014 年。

[22] 陈植雄：《中国民营银行监管研究》，中南大学硕士学位论文，2007 年。

[23] 人民银行南京分行金融稳定处课题组：《对民营资本进入银行业的几点思考》，《金融纵横》2013 年第 9 期。

[24] 周学东：《存款保险之缺与民营银行之困》，《中国改革》2013 年第 11 期。

[25] 生蕾、路运锋：《论民营银行制度设计》，《中州学刊》2013 年第 13 期。

[26] 王文宇：《论中国银行体制的改革——以内资民营银行准入

限制缓和为中心》,《清华法学》2010年第1期。

[27] 柴瑞娟:《民营银行:发展障碍及其法律对策——以民营银行开闸为时代背景》,《法学评论》2014年第3期。

[28] 杨笑妍:《浅论民营银行的错位竞争战略》,《金融与经济》2014年第6期。

[29] 马健:《完善民营银行的监督管理体系》,《宏观经济管理》2014年第8期。

[30] 吴超:《关于放宽与规范民营银行市场管理的建议》,《国家行政学院学报》2014年第2期。

[31] 奚尊夏、赵敏慧、魏博文:《民营银行发展的台州视角》,《浙江金融》2014年第7期。

[32] 朱孟楠、胡富华:《民营银行金融体制改革的国际比较研究》,《经济体制改革》2014年第4期。

[33] 郭田勇、张琪慧:《民营银行海外发展镜鉴》,《中国外汇》2014年第4期。

[34] 卢福财、张荣鑫:《中国民营银行的设立:现实意义、政策选择与风险防范研究》,《经济与管理研究》2014年第4期。

[35] 吴晓灵:《民营资本进入银行的路径选择》,《中国外汇》2014年第4期。

[36] 薛洪言:《当前金融环境下民营银行的挑战及发展策略》,《金融与经济》2014年第10期。

[37] 丁建臣、董小平:《强化民营银行监管的政策取向》,《中国金融家》2014年第12期。

[38] 卢捷:《民营银行设立的要素与模式探索》,《武汉金融》2014年第12期。

[39] 俞勇:《民营银行:风险这样自担——银行处置机制及其在中国现状分析》,《当代金融家》2014年第12期。

[40] 杨荣:《"不完全耦合"中的耦合点——民营银行专题研究》,中信建投证券,2013年12月25日。

[41] 王剑:《民营银行:过往经验有得有失,成功尚需借力》,

浙商证券研究报告，2013 年 9 月 28 日。

[42] 金强、吴泽权：《民营银行如何选择市场定位和业务模式》，《清华金融评论》2015 年第 3 期。

[43] 戴小平：《我国民营银行的市场定位及经营模式研究》，《上海金融学院学报》2015 年第 1 期。

[44] 红花：《中国近代民营银行安全性管理研究（1911-1937）》，经济科学出版社 2015 年 10 月版。

[45] 崔庆陵：《商业银行破产中的股东责任》，《安庆师范学院学报》（社会科学版）2010 年第 11 期。

[46] 金彭年：《法与经济交融视域下民营银行准入之检视与完善》，《上海对外经贸大学学报》2016 年 7 月。

[47] 杨松、宋怡林：《民营银行股东自担风险立法模式借鉴与选择》，《法律科学》（西北政法大学学报）2016 年第 6 期。

[48] 李亦博、乔海曙：《基于金融生态学视角的我国民营银行发展研究》，《金融与经济》2014 年第 6 期。

[49] 张强：《民营银行边缘性进入的声誉壁垒与声誉机制设计》，东北财经大学硕士学位论文，2015 年。

[50] 王雪娟：《银行账户远程开立的国际经验借鉴与启示》，《上海金融》2015 年第 9 期。

[51] 周治富：《内生性金融的演进逻辑与契约本质——兼论中国民营银行的制度属性》，《当代财经》2014 年第 4 期。

[52] 罗毅、沈娟、卢钊：《市场化之基因，特色化之道路》，华泰证券民营银行发展专题研究，2016 年 5 月 9 日。

[53] 上海银监局法律事务处课题组：《商业银行破产风险处置的权力配置研究》，《金融监管研究》2016 年第 10 期。

[54] 高利、牛播坤、周笑雯：《民营银行与金融民主化的经验教训：以台湾为例》，华创证券行业研究报告，2013 年 11 月。

[55] 谢坤锋：《按市场规则制定民营银行的竞争战略——从墨西哥银行业的民营化进程看我国民营银行的发展趋势》，《金融论坛》2004 年第 8 期。

[56] 王斌：《民营银行市场退出机制研究》，华东政法大学硕士学位论文，2016年。

[57] 刘鹤羣：《我国民营银行发起人风险兜底制度探讨》，《河北经贸大学学报》2016年5月。

[58] 高达：《我国民营银行股东的特殊法律规制》，《法治社会》2016年第2期。

[59] 徐翔：《我国民营银行推行生前遗嘱研究》，新疆财经大学硕士学位论文，2015年。

[60] 潘斯华：《民营银行生前遗嘱制度研究》，《上海金融》2015年第5期。

[61] 马一、李海波：《民国私营银行经营风险及其外部规制考——兼谈对我国当下民营银行的启示》，《福建江夏学院学报》2016年2月。

[62] 刘浩、安室友：《民营银行的风险处置模式》，《中国金融》2015年第17期。

[63] 朱妍颖：《民营银行关联交易风险法律控制研究》，西南大学硕士学位论文，2015年。

后　记

民营银行是中国特色社会主义市场经济发展的产物，是党中央为民间资本进入银行业营造发展空间的改革成果，是本届政府进一步深化金融改革、促进金融服务实体经济的提纲挈领之举，是金融领域供给侧结构性改革的重要举措，是从制度层面入手缓解实体经济特别是小微企业融资难、融资贵的治本之策。自2014年底前海微众银行开业以来，截至2017年6月末银监会已批准筹建17家民营银行，其中15家已经开业。

早在准入放开之前的2013年初，我就对民营银行产生了浓厚的兴趣，开始收集整理研究资料。2014年中调入发展研究中心后，继续跟踪相关监管政策的变化和实践的发展。先后阅读有关民营银行的专著8部，期刊文章500多篇，研究报告20余篇。在梳理文献之外，本书是在大量调查研究的基础上撰写形成的。自2015年5月起，先后对5家首批试点民营银行前海微众银行、温州民商银行、上海华瑞银行、浙江网商银行、天津金城银行进行了现场调研，了解其组建过程、发展现状和面临的挑战。同时先后走访多个省级银监局，了解民营银行监管制度框架设计和执行情况。研究过程中还利用参加学术会议的机会，就本书的主要结论和观点征求了学界、业界专家的意见。2016年7月参加华东政法大学"金融法治论坛"，应邀就民营银行发展与监管问题做专题发言。2016年11月参加中国法学会银行法研究会年会并就民营银行发展面临的困境与挑战做专题发言并与与会专家交流。

本书是国内首批高端智库试点单位之一的国务院发展研究中心副研究员以上招标课题的研究成果。研究期间立足发展研究中心职能定位，努力实现学术应用型研究支撑政策咨询研究，政策咨询研究为政策解读和第三方评估服务的良性互动。在完成工作任务和研究任务的同时，取得了一系列研究成果：一是以调研报告和要报的方式，将民营银行试点中存在的问题和相关政策建议向上反映。二是在报刊上发表一系列文章。其中《深化准入制度改革，推进民营银行发展》发表于《上海证券报》2015年4月10日A2版金融观察家专栏，《深化民营银行准入制度改革》发表于《中国银行业》2015年第8期，《我国民营银行试点现状、面临问题与政策建议》发表于《中国改革》2016年第11期，《我国民营银行发展现状与政策建议》发表于《经济纵横》（CSSCI核心期刊）2016年第12期。三是在完成上级交办的一系列第三方评估任务中，就民间资本发起设立民营银行问题提供评估意见和政策建议。四是2015年9月，代表金融所向全国政协经济委员会"发展中小银行"课题组专题汇报发起设立民营银行进展情况和存在的问题，相关建议得到肯定并在全国政协经济委员会上报的《关于促进中小银行健康发展的调研报告》中得到反映。衷心感谢国务院发展研究中心所提供的良好研究平台和对本课题研究的各项支持。

衷心感谢我的老领导——国务院发展研究中心金融所原所长张承惠研究员拨冗为本书作序。承惠所长宽厚仁爱公道，在我进入金融所后，在工作上给予的宝贵指导和生活上的关心我将铭记在心。

衷心感谢首批试点民营银行前海微众银行、温州民商银行、上海华瑞银行、浙江网商银行、天津金城银行和属地银监局对金融所研究工作以及本课题现场调研的大力支持。衷心感谢国务院发展研究中心张军扩副主任、市场所原所长任兴洲、发展部刘培林副部长、公管所李国强研究员等领导和专家在课题立项和评审过程中所提出的宝贵意见和建议。当然文责自负。

最后，衷心感谢我的母亲徐连子女士一直以来最无私的关爱和支持。您的支持永远是我不断前进的最强大精神动力！

王　刚
2017年11月18日于北京